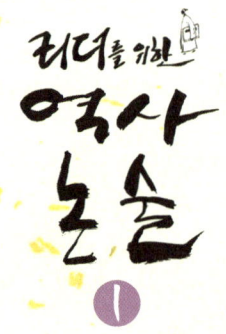

2021년 4월 21일 증보 개정판 2쇄 펴냄

지은이 강종범 · 이은혜 · 정갑연
그린이 우덕환
사진 서찬석 : 국립 중앙 박물관 · 양병주
디자인 김현일
마케팅 김태준 · 장관섭
펴낸이 박우현
펴낸곳 로직아이
등록 제307-2011-58호
주소 서울시 마포구 잔다리로 120 성동빌딩(서교동 457-6) 303호
전화 (02)747-1577
팩스 (02)747-1599
인쇄 JK프린팅

ⓒ이주|로직아이
※ 글과 사진의 무단 복제와 전재를 금합니다.
※ 잘못된 책은 바꿔 드립니다.

ISBN 978-89-94443-71-3

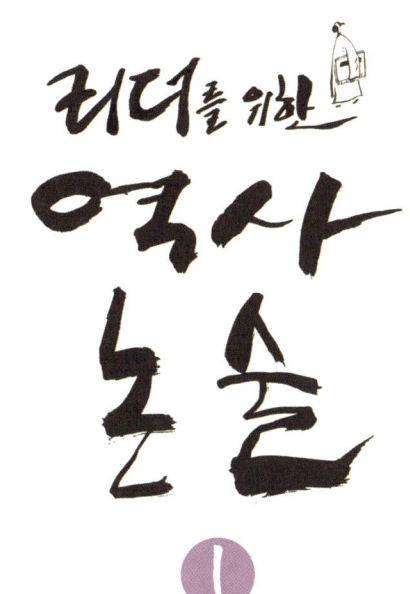

선사 시대부터 삼국 시대와 발해까지

펴내는 글

역사는 무조건 외우는 암기과목이 아니에요. 역사는 돌무더기나 기와 조각 같은 몇 가지 단서들(기록물, 유물, 유적)을 가지고 상상력을 발휘하여 퍼즐 조각을 맞춰 나가는 활동입니다. 우리는 그것들과 대화하면서 옛 조상들뿐만 아니라 그 시대의 생활 모습과 문화를 이해하지요. 그래서 역사는 추리 소설과 비슷해요. 역사가 재미있는 이유도 바로 여기에 있습니다.

몇 년 전에 일곱 명의 선생님이 역사 논술 교재를 만들기 위해 모였습니다. 선사 시대부터 현대까지 우리나라 역사를 재미있게 배우고 가르칠 수 있는 역사 논술 교재를 만들기로 합의했지요. 세 분은 선사 시대부터 고려 시대까지의 역사를 맡기로 하고, 두 분은 조선 시대, 다른 두 분은 조선 시대 후반기인 외세의 침입부터 현대까지의 역사를 맡기로 했어요. 원칙은 다섯 가지였습니다.

첫째, 초등학생들도 재미있게 할 수 있는 교재여야 한다.

초등학교 시절에 역사를 재미있게 배워야 중·고등학교에 가서도 역사의 향기를 좋아할 테니까요.

둘째, 어떤 역사책을 읽고 수업하든 상관없는 교재로 만들어야 한다.

심지어 선생님이나 학부모가 역사에 대해 잘 안다면 이 교재만으로도 수업할 수 있습니다. 역사적인 사실은 세월이 가도 변하지 않으니까요. 모든 역사책은 기본이 같아요. 따라서 이 교재로 수업을 할 때는 다른 한국사 책을 읽고 수업하면 많은 도움을 받을 수 있을 거예요. 〈리더를 위한 한국사 만화 – 한국 고대사〉도 많은 도움이 될 겁니다.

셋째, 우리나라 역사의 흐름을 쉽게 알 수 있어야 한다.

이 교재는 단순한 문제 풀이가 아니라 우리나라의 역사 이해라는 목적을 가지고 있어요. 역사는 연표 외우기보다는 전체의 흐름을 이해하는 것이 중요합니다. 역사가 너무 단순하거나 어려우면 아이들이 역사 전체를 싫어할 수 있거든요. 역사가 쉽고 재미있어야 학생들의 지식도 깊어질 수 있습니다.

넷째, 교사나 학부모가 가르치기 좋고 학생들이 이해하기 쉬어야 한다.

방과후학교에서 일주일에 한 번 수업한다면 2-3개월 분량, 방학 때 일주일에 두 번 수업한다면 1-2개월 분량의 교재예요. 분량이 너무 많으면 학생들이 지칠 수 있고 너무 적으면 교사나 학부모가 아쉬울 수 있어요. 그럼에도 불구하고 수업 분량은 학생들의 수준이나 교육 여건에 따라 조금씩 조절할 수 있을 거예요.

다섯째, 주인 의식을 갖게 하는 교재여야 한다.

모든 국민이 주인 의식을 가지고 있어야 다른 나라의 간섭에 주체적으로 대처할 수 있어요. 일정한 문제들에 대해 토론할 수 있도록 만든 이유도 여기에 있지요. 토론할 때는 주체성이 가장 중요하거든요. 이 교재에 〈리더를 위한 역사 논술〉이라고 이름을 붙인 까닭도 여기에 있습니다. 이 교재가 역사의 강을 건널 때 징검다리 역할만 한다고 해도 우리는 만족할 거예요.

원래 〈리더를 위한 역사 논술〉은 3권이었습니다. 그러나 많은 선생님이 기존의 교재에 부족한 부분들을 좀 더 보강하여 알차게 꾸며 달라는 요청을 하셨습니다. 그리하여 〈리더를 위한 역사 논술〉을 6권으로 만들고 따로 종합편과 실전편을 만들기로 계획했습니다. 이미 이 교재를 사용하셨던 분들에게 이해를 부탁드립니다.

마지막으로 이 교재가 나오는 데 원고 검토와 교정 교열 등에 도움을 주신 배동순, 이근하, 정미선, 김혜정, 갈진영 선생님을 비롯하여 많은 선생님들께 감사드리고, 특히 동국대학교 사학과 학과장이신 양홍석 교수님과 제주대학교 전영준 교수님 그리고 인하대학교의 차인배 교수님과 현대 고등학교의 최태선 선생님께 감사드립니다.

집필자들을 대신하여 *원장 박우현*

교재 사용 방법

이 교재에는 단원마다 전체의 역사를 알 수 있는 만화, 그림으로 만든 연표가 문제와 더불어 들어 있어요. "한눈에 쏙쏙! 시대 엿보기"예요.

교사와 학부모 그리고 학생들은 펼친그림과 연표를 통해 단원 전체를 한눈에 알 수 있습니다. 이 내용들이 1차시에 해당해요. 재미있는 이야기와 더불어 그림을 통해 앞으로 배울 전체의 흐름을 이해한다면 더욱 좋겠지요?

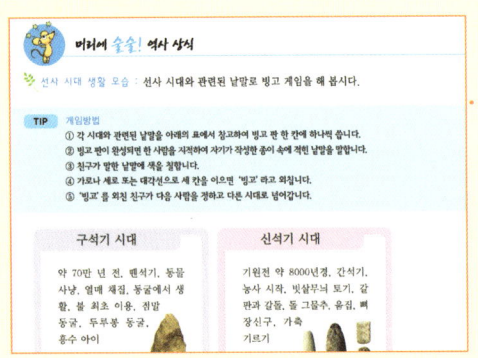

역사를 이야기할 때는 재미만 중요하지 않아요. 역사 상식이 있어야 해요. 그래서 가장 먼저 "머리에 술술! 역사 상식"을 배치했습니다.

여기서는 게임, 퀴즈 등으로 시대별로 중요한 역사적 사실들을 정리할 수 있어요. 상식만 정리해도 굉장한 지식을 습득할 수 있어요.

역사 공부도 몰입이 중요해요. "재미가 솔솔! 역사 속으로"

역사 속에서 그 시대 사람이 되어 생각해 본다면 역사가 조금 더 실감날 수 있어요. 학생들이 역사 속의 주인공이 된다면 그 시대를 좀 더 가깝게 느낄 수 있지요.

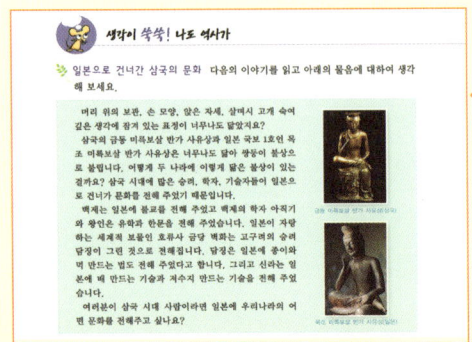

학생들도 역사의식이 있어야 해요. "생각이 쑥쑥! 나도 역사가" 코너는 역사에 대한 자기 생각을 필요로 해요.

토론할 때는 무엇보다도 자기 생각이 중요해요. 자기 생각이 있어야 다른 사람들의 생각에 대해 창의적으로 대처할 수 있습니다.

○ "마음에 꼭꼭! 되돌아보기"

앞서 학습한 내용에 대한 정리와 더불어 역사의식을 가지고 새롭게 자신의 가치관을 정립할 수 있어요. 공부할 때는 요약과 정리만큼 중요한 것은 없어요. 핵심을 파악해야 어떤 것이 필요하고 어떤 것이 필요 없는지를 알 수 있거든요.

〈리더를 위한 역사 논술〉은 단원별로 구성되어 있습니다.
교사나 학부모는 수업 방식에 따라 그리고 학생들의 역량에 따라 분량을 조절해서 수업할 수 있어요.

지도와 그림을 중시했어요.

학생들은 그림을 좋아하니까요. 그림 속에 역사 이해의 열쇠가 숨어 있어요. 생각의 단초도 제공할 거예요. 잘 살펴보세요.

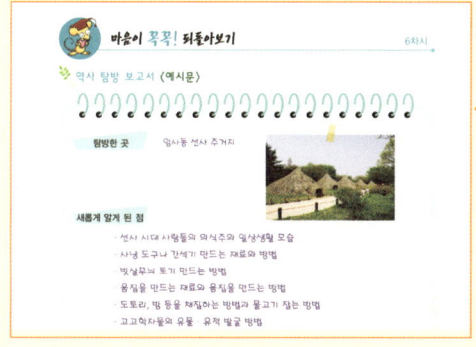

○ 단원마다 역사를 탐방할 곳을 써 놓았고 계획서와 보고서 양식 그리고 역사 낱말 풀이가 있어요.

시간이 되면 역사와 관련된 장소에 직접 가서 체험해 보세요. 백문이 불여일견! 백 번 듣는 것보다 직접 체험하는 것이 더 효과적이니까요.

지침서는 선생님용이에요.

학생들은 더 알고 싶은 내용이 있으면 선생님이나 부모님께 물어 보세요. 좋은 질문은 여러분을 더욱 멋진 사람으로 만들어 줄 거예요.

이 책을 통해 여러분들과 함께 신나고 재미있는 역사 여행을 할 수 있게 되어 무척 기뻐요. 이 기회에 여러분도 세상을 보는 멋진 눈을 갖게 되기를 바랍니다.

지은이 일동

차례

01 나라를 세우고 하나 된 우리 겨레

- 한눈에 쏙쏙! 시대 엿보기 10

- 머리에 술술! 역사 상식 1 14
    - 선사 시대 생활 모습
    - 사라진 5개의 법
    - 고대 국가의 위치 – 지도
    - 삼국과 가야의 건국 이야기
    - 삼국의 성립과 불교 수용
    - 가야의 전성기와 멸망 – 지도
    - 삼국의 전성기 – 지도

- 머리에 술술! 역사 상식 2 22
    - 삼국 시대의 유물
    - 삼국 시대 사람들의 생활 모습
    - 삼국 통일의 과정
    - 통일 신라와 발해의 역사적 인물
    - 통일 신라와 발해의 유물

- 재미가 솔솔! 역사 속으로 1 28
    - 나는야! 선사 시대 멋쟁이
    - 청동 방울의 비밀
    - 고구려 고분 벽화 속으로 GO! GO!
    - 나당 전쟁 – 신라와 당나라의 전쟁 – 지도
    - 통일 신라 시대의 대외 관계와 장보고 – 지도
    - 신라와 당나라의 관계 – 지도

☐ 재미가 솔솔! 역사 속으로 2　　　　　　　　34

　　원효 대사와 의상 대사
　　발해를 건국한 대조영
　　발해의 전성기와 대외 관계 – 지도
　　발해의 문화

☐ 생각이 쑥쑥! 나도 역사가　　　　　　　　38

　　역사송을 만들어요!
　　왕권 강화를 꿈꾸는 신라 법흥왕의 고민
　　일본으로 건너간 삼국의 문화
　　내가 만일 ㅇㅇㅇ라면?

☐ 마음에 꼭꼭! 되돌아보기　　　　　　　　42

　　역사적인 인물
　　역사적인 사건
　　내가 만든 역사책
　　역사 탐방 안내
　　역사 탐방 계획서 〈예시문〉
　　역사 탐방 보고서 〈예시문〉
　　역사 탐방 계획서
　　역사 탐방 보고서
　　역사 낱말 풀이!

"역사는 과거와 현재의 끊임없는 대화이다."

Edward. H. Carr

학습 목표

1. 선사 시대 도구의 변화와 생활 모습에 대해 알 수 있다.
2. 고조선과 고대 국가에 대해 알 수 있다.
3. 삼국의 건국 과정과 생활 모습에 대해 알 수 있다.
4. 삼국 시대의 문화와 역사적 인물에 대해 알 수 있다.
5. 삼국 통일과 발해의 건국 과정에 대해 알 수 있다.
6. 통일 신라와 발해의 문화와 역사적 인물에 대해 알 수 있다.

나라를 세우고 하나 된 우리 겨레

길라잡이 책소개

〈리더를 위한 한국사 만화① 한국 고대사〉

반구대암각화

여러분, 바위그림 속에는 어떤 비밀이 숨어 있을까요?

울산의 태화강 반구대(거북이 모양의 받침대)에는 여러 가지 모양이 새겨진 바위그림이 있어요. 고고학자들은 이 바위그림이 신석기 시대 말에서 청동기 시대에 그려졌다고 합니다. 이 바위그림 속에는 선사 시대 사람들의 생활 모습이 담겨 있다고 해요. 여러분! 병풍 같이 펼쳐진 바위 위에 수수께끼처럼 그려져 있는 바위그림을 보고 선사 시대 사람들의 생활 모습을 상상해 볼까요?

한눈에 쏙쏙! 시대 엿보기

한눈에 쏙쏙! 시대 엿보기

연표란? 옛날에 있었던 일들을 일어난 순서에 따라 표로 정리한 것.

☐☐☐ 시대	신석기 시대 ☐☐☐ 토기 사용
약 70만 년 전	기원전 8000년경

백제의 전성기 ☐☐☐	백제의 시조 ☐☐☐ 백제 건국
4세기	기원전 18년

고구려의 전성기
☐☐☐
5세기

신라의 전성기 ☐☐☐	☐☐☐ 멸망	☐☐☐ 멸망
6세기	660년	668년

기원전(B.C.)이란? 기원전은 예수가 태어나기 전을 말합니다. 기원전은 숫자가 커질수록 과거로 갑니다. 예수가 태어난 이후에는 서기 몇 년이라고 합니다.

한반도 최초의 국가 [　　　] 건국　　　[　　　] 시대 [　　　] 토기 사용

기원전 2333년　　　　　　　　　기원전 2000년 ~ 기원전 1500년

철기 시대 [　　　] 무기 등장

기원전 5세기경

고구려 동명 성왕 [　　　] 고구려 건국　　　신라의 시조 [　　　] 신라 건국

기원전 37년　　　　　　　　　　　기원전 57년

신라의 [　　　] 삼국 통일　　　옛 고구려의 땅에 [　　　] 발해 건국

676년　　　　　　　　　　　　　698년

머리에 술술! 역사 상식 1

선사 시대 생활 모습
선사 시대와 관련된 낱말로 빙고 게임을 해 봅시다.

TIP 게임방법
① 각 시대와 관련된 낱말을 아래의 표를 참고하여 빙고판 한 칸에 하나씩 씁니다.
② 빙고판이 완성되면 한 사람을 정하여 빙고판에 적힌 낱말을 말하게 합니다.
③ 친구가 말한 낱말에 색을 칠합니다.
④ 가로나 세로 또는 대각선으로 세 칸을 이으면 '빙고'라고 외칩니다.
⑤ '빙고'를 외친 친구가 다음 사람을 정하고 다른 시대로 넘어갑니다.

구석기 시대
약 70만 년 전, 뗀석기, 동물 사냥, 열매 채집, 동굴에서 생활, 불 최초 이용, 점말 동굴, 두루봉 동굴, 흥수 아이, 긁개, 찌르개

신석기 시대
기원전 약 8000년경, 간석기, 농사 시작, 빗살무늬 토기, 갈판과 갈돌, 돌 그물추, 움집, 뼈 장신구, 가축 기르기, 가락바퀴

청동기 시대
청동 거울, 청동 방울, 청동 검, 민무늬 토기, 벼농사, 반달 돌칼, 지배하는 사람과 지배받는 사람, 고인돌, 고조선 건국.

철기 시대
철검, 철제 농기구, 부여, 고구려, 옥저, 동예, 마한, 진한, 변한.

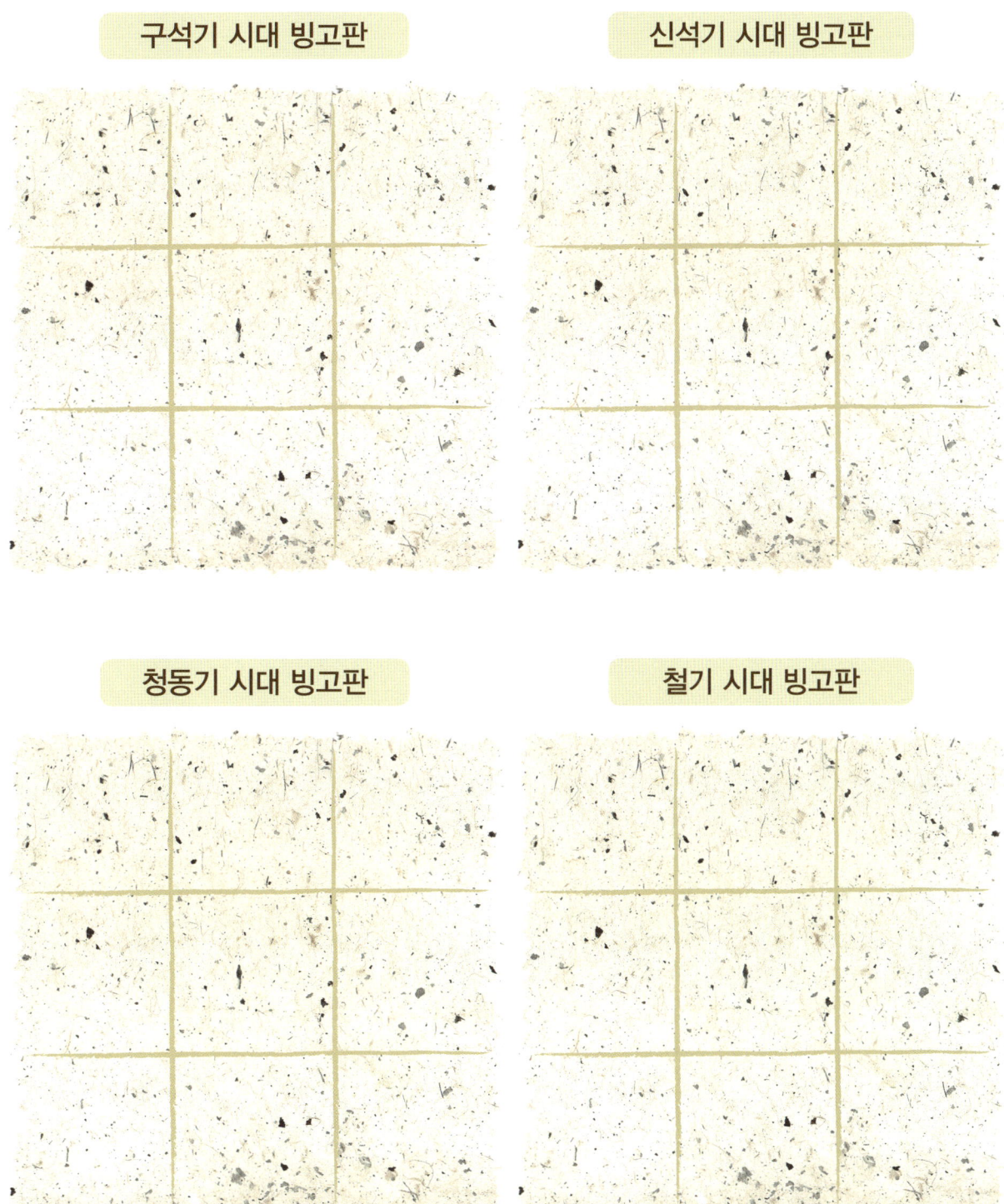

1. 나라를 세우고 하나 된 **우리 겨레**

 ## 머리에 솔솔! 역사 상식 1

사라진 5개의 법 고조선에는 백성들을 다스리기 위한 여덟 개의 법(8조법)이 있었답니다. 그런데 그중 세 개만 현재까지 전해 내려온다고 합니다. 나머지 다섯 개의 법은 무엇이었을까요? 세 개의 법에 담겨 있는 고조선 사람들의 생활 모습을 생각하며 8조법을 완성해 봅시다.

TIP 8조법을 통해 알 수 있는 고조선 사람들의 생활 모습은 무엇일까요?
- 사회 질서가 매우 엄격했어요!
- 생명을 소중히 여겼어요!
- 개인의 재산이 있었어요!
- 화폐를 사용했어요!
- 신분의 차이가 있었어요!

1조 "사람을 죽인 자는 사형에 처하노라!"

2조 "남을 다치게 한 자는 곡식으로 갚도록 하라!"

3조 "도둑질을 한 자는 데려다 노비로 삼을 것이다! 만일 도둑질한 사람이 죄를 벗으려면 많은 돈을 내도록 하라!"

4조

5조

6조

7조

8조

고대 국가의 위치
[보기]를 읽고 고조선의 뒤를 이어 세워진 고대 국가들의 위치를 찾아 역사 지도에 나라 이름을 써 보세요.

보기

부여 북쪽 만주의 평야 지대에 세워진 나라예요. 추수가 끝난 12월에 영고라는 제천 행사를 지냈대요.

고구려 한반도 북쪽 지역에 주몽이 세운 나라로 고대 국가 중에 유일하게 나라의 기틀을 세워 성장했어요. 데릴사위 제도가 있었대요.

옥저 지금의 함경도 해안 지방에 세워진 나라로 신랑이 어린 신부를 미리 데려다가 길러서 결혼하는 민며느리 제도가 있었대요.

동예 지금의 강원도 해안 지방에 세워진 나라예요. 해마다 음력 10월이 되면 무천이라는 제천 행사를 지냈대요.

변한 지금의 남쪽에 세워진 나라로 마한, 진한, 변한을 합쳐서 삼한이라고 해요. 벼농사를 주로 짓고 저수지를 만들었대요. 남쪽에 있는 이 나라는 철이 많이 생산되어 일본에 수출도 했대요.

잠깐 상식 ·· 제천 행사란?
하늘에 제사를 지내는 행사.

머리에 술술! 역사 상식 1

🌿 **삼국과 가야의 건국 이야기** 삼국과 가야의 건국 이야기입니다. 빈칸에 알맞은 낱말을 채워 넣고 친구들에게 이야기를 들려 주세요.

> **보기**   박혁거세, 금관가야, 주몽, 백제, 온조, 신라, 고구려, 김수로

(　　　)을/를 세운 (　　　)은/는 하늘 신의 아들인 해모수와 물의 신 하백의 딸 유화 사이에서 태어났어요. 그는 알을 깨고 나왔는데 어릴 때부터 활을 잘 쏘아 사람들은 그를 (　　　)라/이라 불렀답니다.
(　　　)은/는 당시 부여 금와왕의 왕자들과 함께 자랐는데, 그들이 시샘하여 죽이려고 하자, 자신을 따르는 무리를 이끌고 남쪽으로 내려와 졸본 지역에 (　　　)을/를 세웠답니다.

고구려를 세운 (　　　)에게는 원래 부여에 두고 온 아들 유리가 있었습니다. 유리가 찾아오자 비류와 (　　　) 두 아들은 새로운 나라를 세우기 위해 고구려를 떠납니다. 두 아들 중 형 비류는 미추홀에 나라를 세우고 동생 (　　　)은/는 위례성에 나라를 세웠어요. 형의 나라는 농사짓기가 어려워 백성들은 동생의 나라 위례성으로 옮겨 갔습니다. 그때 동생 (　　　)은/는 십제(十濟)라는 나라 이름을 (　　　)로/으로 바꾸었습니다.

TIP 미추홀? 미추홀은 현재의 인천광역시 일대를 말함.

여섯 촌장이 다스리는 사로국이라는 나라의 한 촌장이 '나정'이라는 우물가에서 울고 있는 흰말을 보았습니다. 그 앞에는 알이 있었어요. 그 알에서 잘생긴 사내아이가 나왔어요. 촌장들은 그 아이가 박처럼 생긴 알에서 나왔다고 하여 박씨란 성을 붙여 주고, 세상을 밝게 다스린다는 뜻의 (　　　)란/이란 이름을 지어 주었지요. 이 사람이 바로 (　　　)의 첫 번째 임금입니다.

낙동강 유역을 다스리던 아홉 명의 촌장들이 하늘에서 들려오는 신의 목소리를 듣고 구지봉에 올라가 나무 막대기로 땅을 두드리며 노래를 불렀어요. 그러자 하늘에서 여섯 개의 알이 든 금빛 상자가 내려왔고 그 알에서 여섯 명의 사내아이가 나왔어요. 그중 가장 먼저 태어난 아이가 (　　　)였고 그는 (　　　)의 임금이 되었답니다. 그리고 다섯 아이도 각각 다섯 가야의 임금이 되었답니다.

삼국의 성립과 불교 수용 – 강력한 국가

삼국도 처음에는 국가의 규모가 작았습니다. 강한 국가가 되려면 율령(律令 : 제도와 법률)과 정신적인 이념이 있어야 합니다. 율령을 반포하고 불교를 인정한 왕은 누구인가요? 보기에서 찾아 써 보세요.

보기 　　소수림왕, 법흥왕, 고이왕, 침류왕

○ 고구려 백제 신라는 각각 어느 왕 때 율령을 반포(頒布)했나요?

고구려 – (373년)　　백제 – (260년)　　신라 – (520년)

○ 고구려 백제 신라는 불교를 국교로 인정했습니다. 불교가 백성들의 민심을 모으는 데 큰 역할을 했습니다. 고구려 백제 신라는 어느 왕 때 불교를 국교로 인정했나요?

고구려 – (372년)　　백제 – (384년)　　신라 – (527년)

머리에 술술! 역사 상식 1

가야의 전성기와 멸망 가야는 지금의 창원 지역에 있던 6개의 나라가 합쳐진 연맹국입니다. 초기에는 금관가야가 가장 강했고 후기에는 대가야가 주도권을 잡았습니다. 다음 질문에 답해 보세요.

○ 가야에서 생산해서 수출한 것은 주로 무엇이었나요?

○ 대가야와 금관가야가 중심으로 삼은 지역을 동그라미 쳐 보세요.

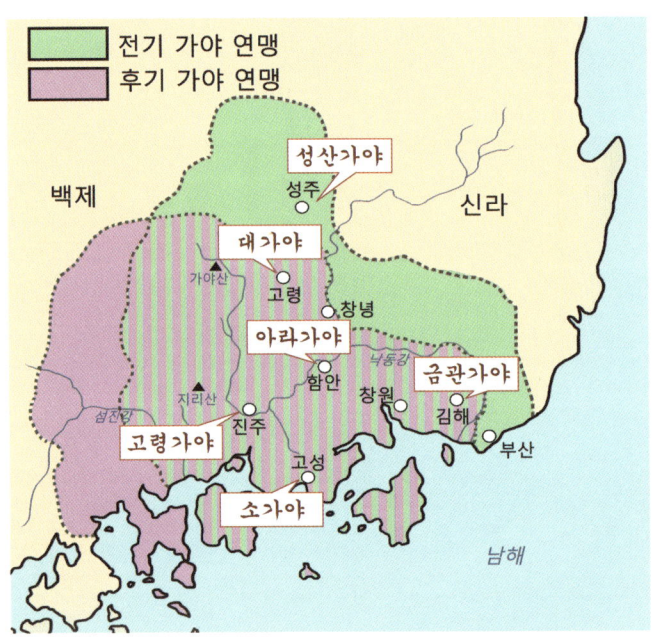

○ 빈칸에 알맞는 단어를 써 보세요.

고구려의 공격으로 김해의 _____ 가야가 멸망했습니다. 그 후에 고령의 _____ 가야를 중심으로 후기 가야 연맹이 형성됩니다. 이 나라도 562년에 신라의 공격으로 몰락합니다. 가야는 없어졌지만 가야 사람들이 신라에 융합되어 삼국을 통일하는 데 크게 기여했습니다. 삼국 통일의 주역이자 〈삼국사기〉에 가장 많이 등장하는 _____ 도 가야의 왕족이었습니다. 일본으로 건너간 가야 사람들은 일본의 고대 문화(아스카 문화) 발전에 크게 기여했습니다.

🌱 **삼국의 전성기** 삼국 시대의 역사 지도입니다. 이렇게 땅을 넓히고 나라를 발전시킨 삼국의 왕은 과연 누구일까요? [보기]에서 찾아 써 보세요.

> **보기** 광개토 대왕 – 장수왕(5세기), 진흥왕(6세기), 근초고왕(4세기)

○ 삼국 시대에 가야가 있었음에도 불구하고 왜 가야를 포함시켜 "사국 시대"라고 하지 않았을까요?

머리에 술술! 역사 상식 2

🌿 **삼국 시대의 유물** 삼국 시대의 유물에 대한 설명입니다. 설명에 알맞은 유물 사진을 찾아 해당 번호를 쓰세요.

나는 어떤 유물일까요?

1 나는 고구려 장수왕이 세운 비석입니다. 장수왕은 아버지 광개토 대왕의 업적을 저에게 새겨 넣어 주었답니다.

2 고구려, 신라, 백제의 국교는 모두 불교였습니다. 고구려는 삼국의 세 나라 중 가장 먼저 불교를 받아들였어요. 그래서 나와 같은 불상을 만들었지요.

3 나는 고구려의 왕이 죽어서 잠든 거대한 피라미드 모양의 돌무덤입니다. 나는 지금 중국 지안에 있답니다.

4 나는 무용총이라는 무덤의 벽에 그려진 벽화입니다. 말을 타고 활을 쏘며 사냥하는 고구려 사람들의 씩씩한 모습이 그려져 있답니다.

5 나는 백제 사람들의 뛰어난 공예 기술과 예술 수준이 발휘된 걸작입니다. 용 모양의 받침과 연꽃이 새겨져 있는 향로로 국보로 지정되었답니다.

6 나는 백제 왕의 무덤입니다. 연꽃무늬가 새겨진 벽돌로 만들어졌고 금과 은으로 만든 장신구와 많은 유물들이 있었답니다.

7 나는 바위에 새겨진 불상으로 사람들은 나에게 백제 사람들의 온화한 미소를 담고 있다고 '천년의 미소'라는 별명을 지어주었습니다. 나는 국보로 지정되었답니다.

8 나는 신라의 무덤에서 발견된 그림입니다. 자작나무 껍질 위에 하늘을 나는 말을 그린 그림으로, 말안장 양쪽에 다는 말다래(흙이 튀는 것을 막는 도구) 뒤에 그렸어요.

9 나는 신라 선덕 여왕이 만든 세계에서 가장 오래된 천문대입니다. 신라 시대의 천문 과학 기술 발전을 보여 주는 유물이랍니다.

장군총

백제금동대향로

금동연가7년명 여래입상

서산 용현리 마애여래삼존상

광개토 대왕릉비

무령왕릉

수렵도

첨성대

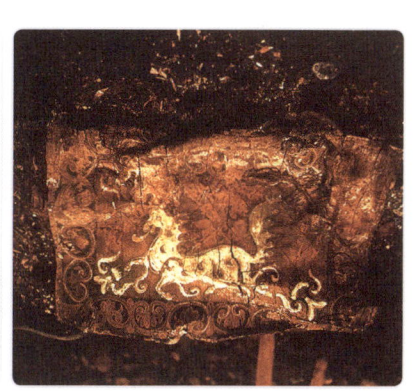
천마도

머리에 술술! 역사 상식 2

삼국 시대 사람들의 생활 모습 삼국 시대 사람들은 귀족, 평민, 노비로 신분이 정해져 있었습니다. 신분에 따라 하는 일, 입는 옷, 먹는 음식, 사는 집도 달랐습니다. 그림과 이야기를 알맞게 연결해 보세요.

우리들은 농사를 지어 나라에 세금을 바친답니다. 궁궐도 짓고 전쟁이 나면 나가서 싸우는 일도 한답니다. 잡곡밥을 먹고 초가집에서 생활한답니다.

우리들은 토지와 노비를 가지고 국가의 중요한 일을 결정한답니다. 비단으로 만든 옷을 입고 쌀밥을 먹었답니다. 그리고 화려하게 장식된 넓은 기와집에서 살았답니다.

우리들은 가장 낮은 신분으로 귀족들의 농사를 지어 주거나 주인어른의 시중을 들기도 합니다. 주인은 우리들을 사거나 팔기도 한답니다.

🌱 **삼국 통일의 과정** 삼국 통일의 과정을 순서대로 쌓은 삼국 통일탑입니다. 아래부터 빈칸에 들어갈 알맞은 벽돌을 넣어 삼국 통일탑을 튼튼하게 완성해 보세요.

보기 | 계백 장군 | 사비성 | 평양성 | 김춘추 | 황산벌 | 문무 대왕 | 당나라 | 김유신

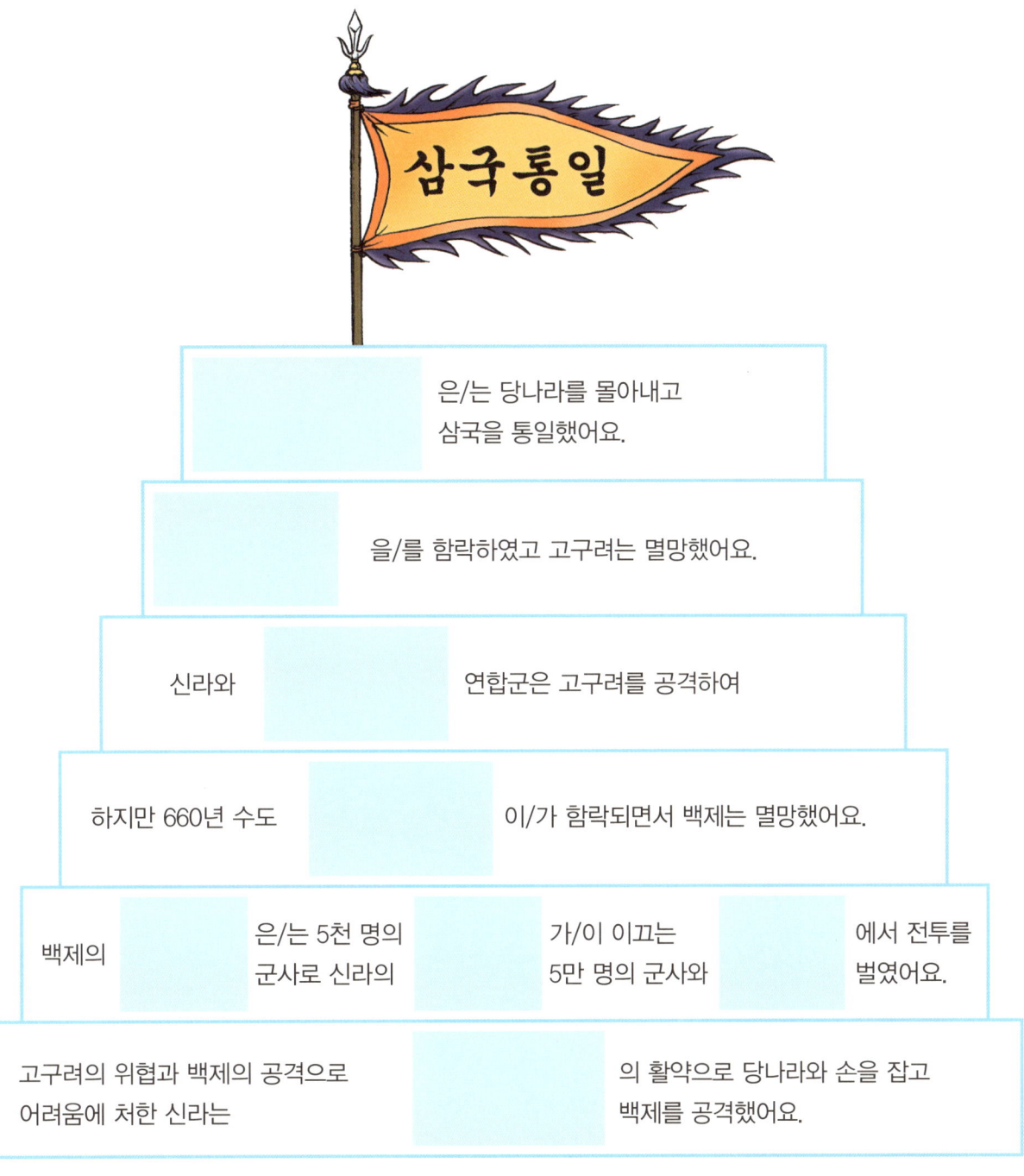

_____ 은/는 당나라를 몰아내고 삼국을 통일했어요.

_____ 을/를 함락하였고 고구려는 멸망했어요.

신라와 _____ 연합군은 고구려를 공격하여

하지만 660년 수도 _____ 이/가 함락되면서 백제는 멸망했어요.

백제의 _____ 은/는 5천 명의 군사로 신라의 _____ 가/이 이끄는 5만 명의 군사와 _____ 에서 전투를 벌였어요.

고구려의 위협과 백제의 공격으로 어려움에 처한 신라는 _____ 의 활약으로 당나라와 손을 잡고 백제를 공격했어요.

머리에 술술! 역사 상식 2

통일 신라와 발해의 역사적 인물 나는 누구일까요? 통일 신라와 발해의 인물을 [보기]에서 찾아 ◯ 안에 써 보세요.

| 보기 | 장보고 | 대조영 | 원효 | 최치원 |

- 고구려 멸망
- 당나라로 끌려감
- 고구려 유민
- 동모산 근처
- 말갈족
- 발해 건국

◯ (대조영)

- 통일 신라
- 스님
- 해골에 담긴 썩은 물
- 깨달음
- 백성에게 불교 전파
- 불교문화의 발전

◯ (원효)

- 통일신라
- 당나라 유학
- 당나라 관리
- 골품 제도
- 6두품
- 신분의 한계

◯ (최치원)

- 통일 신라
- 궁복, 활보
- 당나라 무관
- 청해진
- 당·일본과의 무역 주도
- 해상왕

◯ (장보고)

통일 신라와 발해의 유물 알맞은 이름을 [보기]에서 골라 써 보세요.

보기 무구 정광 대다라니경   성덕 대왕 신종   석굴암   불국사   발해 석등

경주 토함산 중턱에 있는 화강암으로 된 굴속에 있어요. 본존불과 주변의 많은 조각상을 보고 사람들은 통일 신라 사람들의 뛰어난 예술성에 감탄하지요.

'부처님의 나라'라는 뜻을 가진 절이에요. 석가탑, 다보탑, 청운교, 백운교와 같은 건축물은 통일 신라 사람들이 돌을 얼마나 잘 다루었는지 알 수 있게 한답니다.

신라 경덕왕이 아버지 성덕왕의 명복을 빌기 위해 만든 종으로 에밀레종이라고도 불리는 불교 문화재입니다.

불국사의 석가탑에서 나온 세계에서 가장 오래된 목판 인쇄물이랍니다.

6m가 넘는 거대한 석등으로 발해가 강하고 힘찬 고구려의 기상을 이어받은 나라라는 것을 알려 주는 발해의 불교 유물입니다.

 **재미가 솔솔! 역사 속으로 1**

🌿 **나는야! 선사 시대 멋쟁이** 여러분이 이들을 만난다면 무엇을 물어보고 싶은지 가상 인터뷰 기사문을 써 보세요.

해밀이 / 해랑이

- 짐승 송곳니 목걸이
- 돌칼
- 돌도끼
- 빗살무늬 토기
- 조개 목걸이
- 짐승 송곳니 발찌

예

기자 : 조개 팔찌는 어떻게 만들었나요?

해랑이 : 바다에서 채집한 조개를 먹은 뒤에 구멍을 뚫고 갈아서 만들었어요.

기자 :

(　　　　) :

기자 :

(　　　　) :

🌿 **청동 방울의 비밀** 선사 시대 사람들은 하늘을 두려워하면서도 우러러보았어요. 그래서 번개, 별, 태양 등의 무늬를 도구에 새겨 넣으면 강력한 힘을 가질 수 있다고 믿었대요. 여러분도 청동기 시대 사람이 되어 강력한 힘을 가진 지배자가 되어 보면 어떨까요? 아래의 무늬를 참고하여 여러분만의 청동 방울을 만들어 보세요.

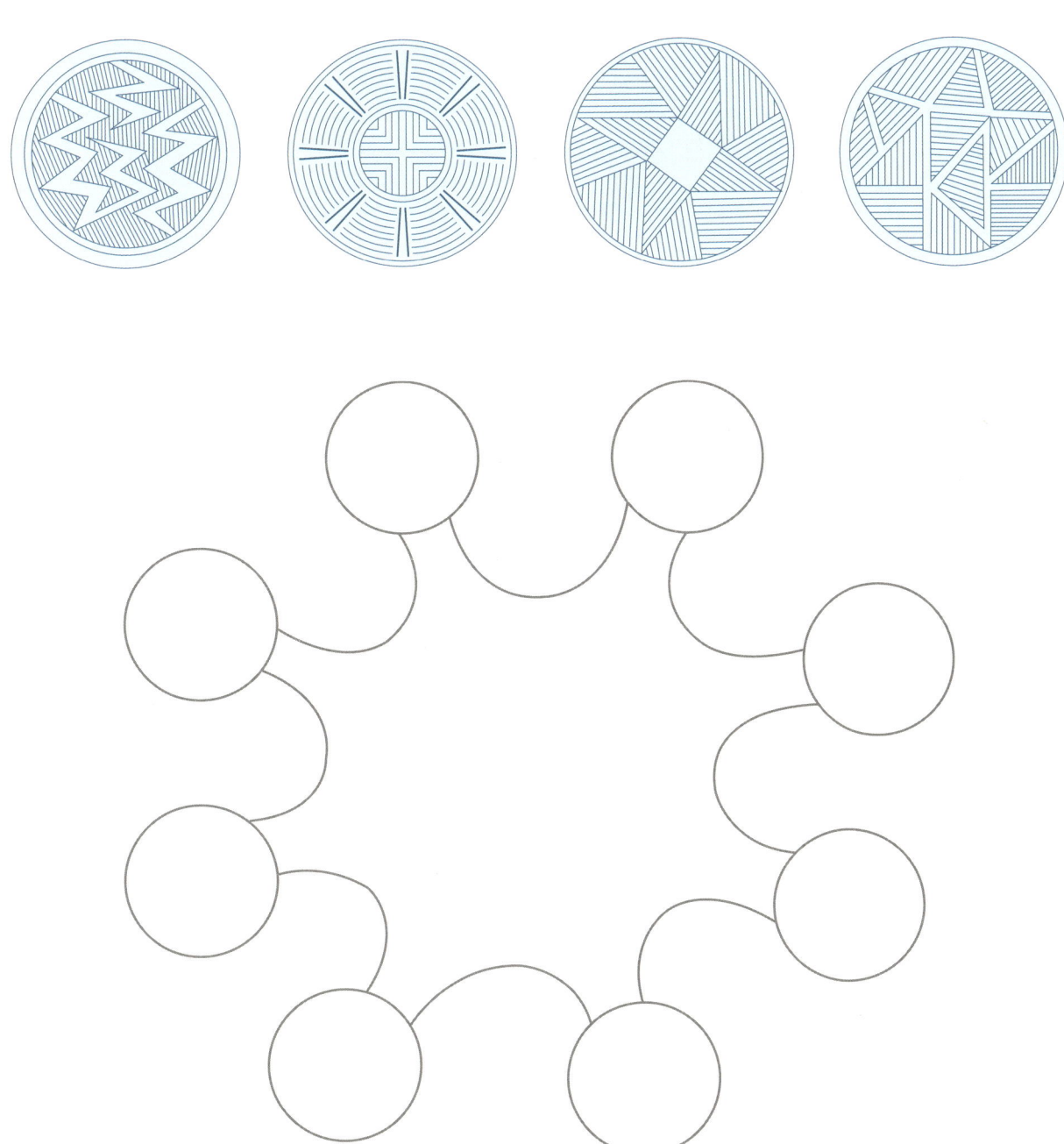

1. 나라를 세우고 하나 된 **우리 겨레** | **29**

재미가 솔솔! 역사 속으로 1

🌿 **고구려 고분 벽화 속으로 GO! GO!** 삼국 시대에는 신분에 따라 생활이 많이 달랐습니다. 고구려 고분 벽화(그림) 속에 등장하는 노비의 생활 모습을 상상하며 그림일기의 뒷부분을 완성해 보세요.

612년 5월 6일 맑음

동네가 시끌벅적한 걸 보니 오늘 또 서커스 공연단이 왔나 봐요. 재미있겠다구요? 화려하게 비단옷을 차려 입고 왕궁으로 행차하시는 주인님의 뒤에서 온종일 일산(양산)을 받쳐 들고 시중을 들어야 하는 저는 팔이 너무나 아프답니다.

나당 전쟁 – 신라와 당나라의 전쟁 당나라는 신라와 손잡고 백제와 고구려를 멸망시킨 다음 신라마저 지배하려고 했습니다. 신라는 당나라와 전쟁을 할 수밖에 없었습니다. 지도를 읽고 물음에 답해 보세요.

○ 나당 전쟁은 왜 일어났나요?

○ 나당 전쟁을 벌이는 동안 백제와 고구려의 유민들은 어떻게 했나요?

○ 나당 전쟁을 끝낸 전투는 어느 곳의 전투였나요?

○ 신라의 삼국 통일의 좋은 점(의의)과 나쁜 점(한계)은 무엇인가요?

 ## 재미가 솔솔! 역사 속으로 1

통일 신라 시대의 대외 관계와 장보고 통일 신라 시대에는 바다를 통한 무역도 활발했지만 그만큼 바다에 해적도 많았어요. 이때 활발하게 활동한 사람이 장보고입니다. 지도와 그림을 보고 물음에 답해 보세요.

○ 장보고에 대해 말해 보세요.

○ 장보고가 한 일들은 무엇이었나요?

신라의 대외 관계 다른 나라가 예전에 나쁜 짓을 했다고 해도 영원히 외교를 단절하기는 쉽지 않습니다. 다음은 신라의 대외 관계를 나타낸 지도입니다. 지도를 읽고 자신의 생각을 말해 보세요.

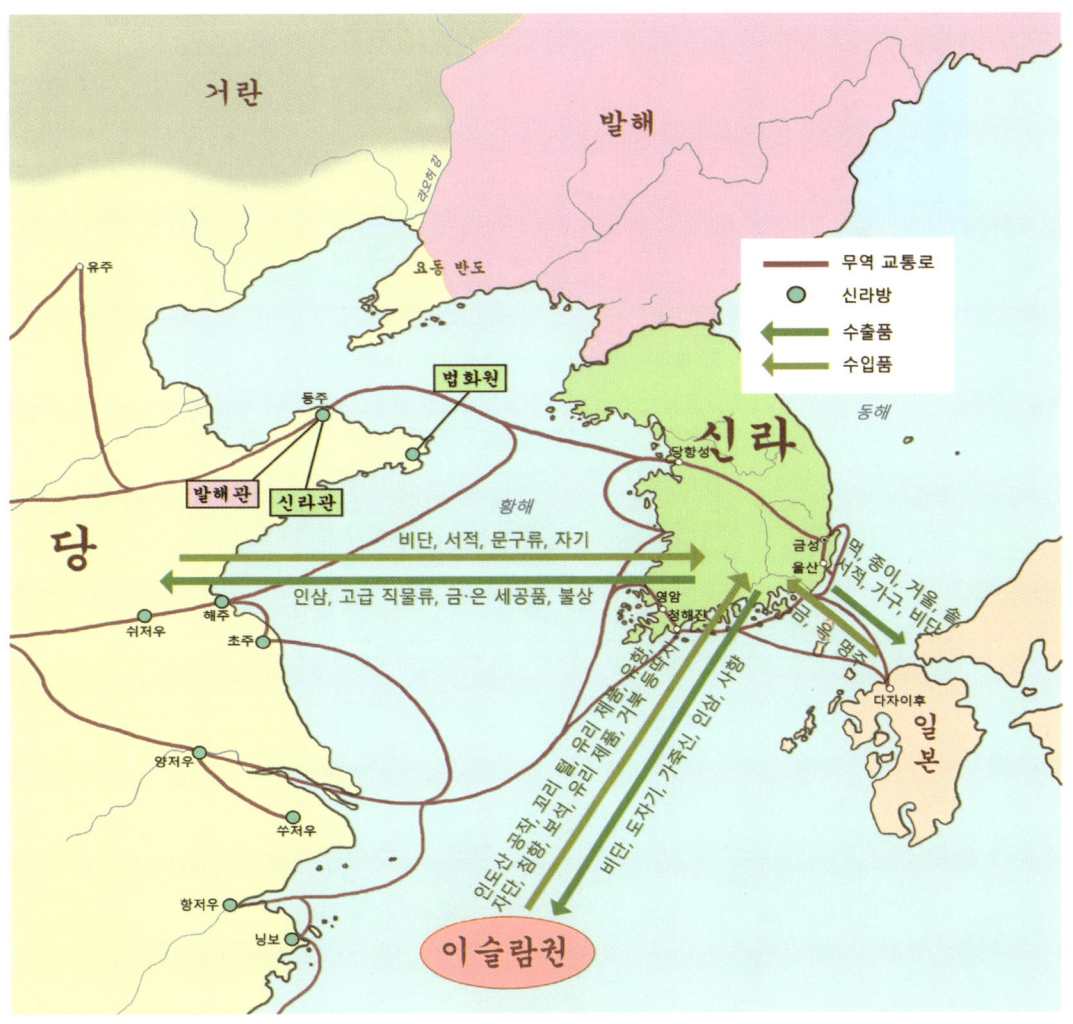

○ 신라와 당나라의 교역 물품은 각각 무엇이었나요?

○ 여러분이 그 시대에 살았다면 당나라와 일본을 상대로 하고 싶은 일을 말해 보세요.

재미가 솔솔! 역사 속으로 2

🌿 **원효 대사와 의상 대사** 신라의 대표적인 승려인 원효[元曉(617~686)] 대사와 의상[義湘(625~702)]대사. 다음의 이야기를 읽고 아래의 물음에 대하여 생각해 보세요.

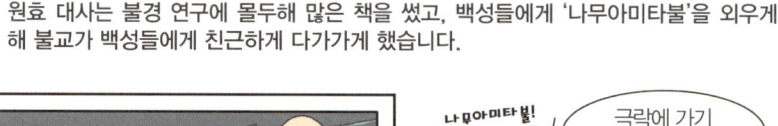

○ 두 사람의 공통점은 무엇인가요?

○ 원효 대사와 의상 대사의 선택에 대하여 자신의 의견을 말해 보세요.

🌿 **발해를 건국한 대조영** 다음의 이야기를 읽고 발해를 건국한 대조영을 위해 감사패를 만들어 봅시다.

668년, 고구려가 나당(신라와 당나라) 연합군에게 망했어. 그때 수많은 고구려 유민들은 당나라에 맞서 싸우며 나라를 되찾으려고 저항했대. 당나라 사람들로부터 온갖 차별과 고통을 받는 고구려 유민들에게 고구려 장수 대조영은 말했대.

"나는 고구려의 후손이다! 고구려가 나당 연합군에게 망한 뒤 광활한 땅을 잃어버린 것은 너무도 안타까운 일이다! 나는 고구려의 옛 땅에 굳세고 강인한 고구려의 정신을 이어받은 새로운 나라를 세울 것이다!"

698년, 온갖 시련을 이겨내고 드디어 대조영은 고구려 유민들과 말갈족을 이끌고 동모산 부근에서 발해를 세웠대. 발해를 건국한 대조영은 당나라를 견제하면서도 당나라의 발전된 문물을 받아들여 나라의 기반을 닦았대.

그 이후 날로 발전해 가던 발해는 9세기 선왕 때 최대의 영토와 국력을 자랑하며 전성기를 이루었대. 당시 중국인들은 넓은 영토, 활발한 대외 무역을 바탕으로 동아시아의 강국이 된 발해를 바다 동쪽에서 전성기를 맞이한 나라라는 뜻으로 해동성국이라 불렀다고 해.

TIP	감사패란?
	감사의 뜻을 나타낸 글을 적은 패랍니다.

재미가 솔솔! 역사 속으로 2

발해의 전성기와 대외 관계 다음의 지도를 보고 아래의 물음에 대하여 생각해 보세요.

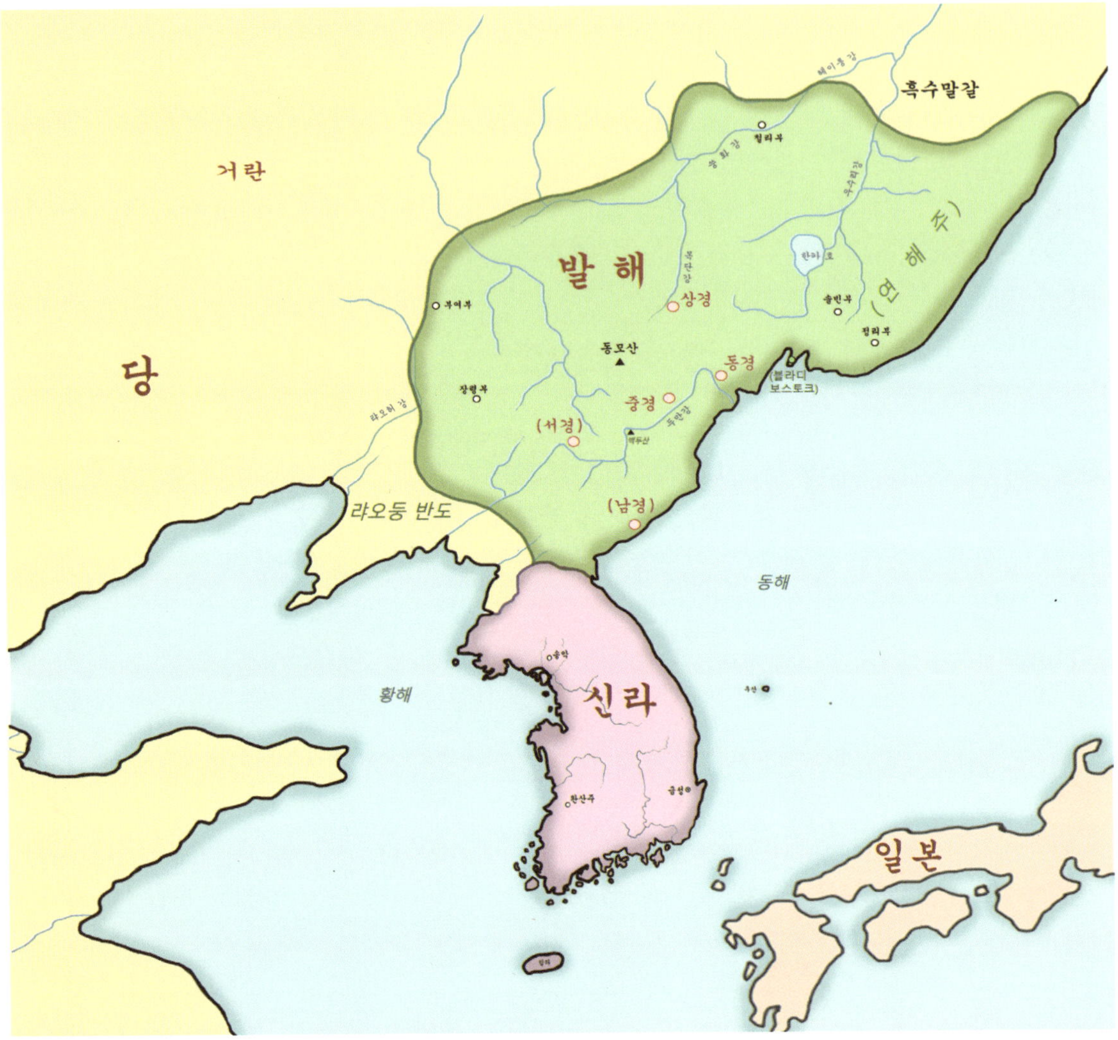

○ 발해의 영토 범위는 어디에서 어디까지인가요?

○ 발해와 교류한 나라들을 모두 찾아보세요.

○ 발해는 현재 우리에게 어떤 의미가 있나요?

🌱 **발해의 문화** 한 나라의 문화에는 그 나라의 정체성이나 생활 환경, 주변 상황 등 여러가지가 담겨 있습니다. 아래 사진과 그림을 바탕으로 발해 문화의 성격을 설명해 보세요.

고구려의 수막새

발해의 수막새

▶ **고구려와 발해의 수막새**
수막새란 목조건축 지붕의 기왓골 끝에 사용되었던 기와다.

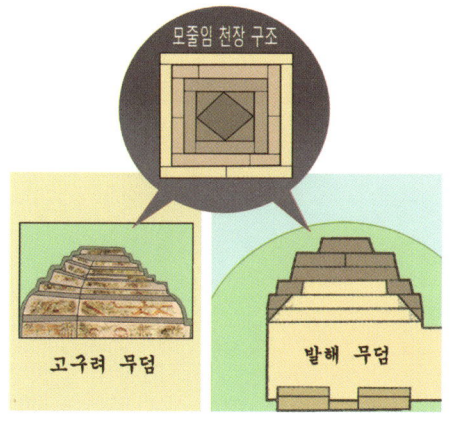

▶ 정효 공주의 무덤 내부는 벽돌을 쌓아 만들었고, 천장은 기다란 돌을 계단처럼 쌓았습니다. 무덤 위는 탑을 세운 형태를 하고 있습니다.

생각이 쑥쑥! 나도 역사가

역사송을 만들어요! 고조선부터 삼국 통일까지의 역사적 인물을 각자 한 사람씩 선택하여 이름과 업적을 넣고 재미있는 역사송을 만들어 불러 보세요.

- 단군왕검　　고조선을 건국함.
- 근초고왕　　영토를 가장 많이 넓힌 백제 전성기의 왕.
- 광개토 대왕　중국 요동과 만주 지역까지 진출하여 영토를 넓힌 고구려 전성기의 왕.
- 진흥왕　　　화랑도를 만들어 인재를 기르고 고구려를 공격하여 한강을 차지함.
　　　　　　삼국 통일의 기반을 마련한 신라 전성기 때의 왕.
- 을지문덕 장군　수나라 군대를 살수로 유인하는 작전을 펴 큰 승리를 거둔 고구려의 장수.
- 계백 장군　　5천 명의 군사로 신라의 김유신이 이끄는 5만 명의 군사와 황산벌에서
　　　　　　용감하게 전투를 벌인 백제의 장수.
- 김유신　　　김춘추와 힘을 합쳐 삼국 통일의 기반을 마련함.
- 김춘추　　　뛰어난 외교로 당나라 군대의 도움을 받아 백제를 멸망시키고
　　　　　　삼국 통일의 발판을 마련함.

예시　제목 : 나는 단군왕검

- 선택한 인물 (　　　　　)
- 선택한 이유 _____

제목 : 나는 (　　　　)

왕권 강화를 꿈꾸는 신라 법흥왕의 고민
다음의 이야기를 읽고 아래의 물음에 대하여 생각해 보세요.

○ 삼국에 들어온 불교는 어떤 역할을 하였습니까?

○ 이차돈의 희생 없이 불교를 인정할 방법이 없을까요? 여러분이 신라의 법흥왕이 되어서 불교를 반대하는 귀족들을 설득해 보세요.

생각이 쑥쑥! 나도 역사가

일본으로 건너간 삼국의 문화 다음의 이야기를 읽고 아래의 물음에 대하여 생각해 보세요.

금동 미륵보살 반가 사유상(삼국)

머리 위의 보관, 손 모양, 앉은 자세, 살며시 고개 숙여 깊은 생각에 잠겨 있는 표정이 너무나도 닮았지요?

삼국의 금동 미륵보살 반가 사유상과 일본의 국보급 보물인 목조 미륵보살 반가 사유상은 너무나도 닮아 쌍둥이 불상으로 불립니다. 어떻게 두 나라에 이렇게 닮은 불상이 있는 걸까요? 삼국 시대에 많은 승려, 학자, 기술자들이 일본으로 건너가 문화를 전해 주었기 때문입니다.

백제는 일본에 불교를 전해 주었고 백제의 학자 아직기와 왕인은 유학과 한문을 전해 주었습니다. 일본이 자랑하는 세계적 보물인 호류사 금당 벽화는 고구려의 승려 담징이 그린 것으로 전해집니다. 담징은 일본에 종이와 먹 만드는 법도 전해 주었다고 합니다. 그리고 신라는 일본에 배 만드는 기술과 저수지 만드는 기술을 전해 주었습니다.

여러분이 삼국 시대 사람이라면 일본에 우리나라의 어떤 문화를 전해 주고 싶나요?

목조 미륵보살 반가 사유상(일본)

○ 삼국 시대의 금동 미륵보살 반가 사유상과 일본의 목조 미륵보살 반가 사유상이 쌍둥이처럼 닮은 이유는 무엇입니까?

_____

_____

○ 삼국이 일본에 전해 준 문화에는 무엇이 있습니까?

고구려	
백 제	
신 라	

🌿 **내가 만일 ●●● 라면?** '당나라의 신라 소년 최치원' 이야기를 읽고 아래의 주제에 대하여 토의해 보세요.

> 최치원은 당나라 유학 6년만에 당나라의 과거 시험에 합격했어요. 최치원은 스무 살에 당나라의 높은 벼슬에 올랐어요. 당나라 사람들은 실력이 뛰어난 최치원을 존경했지요.
>
> 하지만 신라로 돌아온 최치원은 실망이 컸어요. 최치원의 신분이 6두품이었기 때문이에요. 신라에는 골품이라는 신분 제도가 있었는데 왕족만 높은 관리가 될 수 있었대요. '당나라에서 실력을 인정받은 내가 골품 제도 때문에 뜻을 펼칠 수 없으니 이를 어찌한단 말인가?'
>
> 최치원은 진성 여왕에게 나라를 다스리는 좋은 방법을 아뢰었으나 진성 여왕은 6두품의 의견에 귀를 기울이지 않았대요. 실망한 최치원은 지방 관리를 전전하다가 절에 숨어 지내며 책을 썼대요.

TIP 골품 제도란?
골품은 성골과 진골, 두품으로 나누어지는데 6~4두품까지는 관리가 될 수 있었고, 3~1두품은 백성 또는 평민이었어요. 왕족인 성골과 진골은 최고 관직까지 올라갈 수 있었지만 6두품 이하는 아무리 능력이 뛰어나도 높은 관직에 올라갈 수 없었대요. 그래서 진성 여왕도 왕이 될 수 있었어요. 신분은 자손이 그대로 물려받았대요. 신분에 따라 옷의 색깔, 집의 크기도 달랐답니다.

○ 최치원이 신라에서 뜻을 펼치지 못한 까닭은 무엇인가요?

○ 만일 여러분이 최치원이라면 어떤 삶을 살았을까요?

마음에 꼭꼭! 되돌아보기

🌿 **역사적인 인물** 다음의 인물들 가운데 가장 인상 깊거나 중요하다고 생각하는 인물을 고르고 그 이유를 간단하게 써 보세요.

| 단군왕검 | 박혁거세 | 주몽 | 광개토 대왕 |

| 진흥왕 | 을지문덕 | 문무왕 | 대조영 |

가장 인상 깊거나 중요하다고 생각하는 인물

....

이 유

....

....

🌿 **역사적인 사건** 다음의 사건들 가운데 가장 인상적이거나 의미 있는 사건을 선택하고 그 이유를 간단하게 말해 보세요.

가장 인상적이거나 의미 있는 사건

이유

마음에 꼭꼭! 되돌아보기

내가 만든 역사책 다음의 주제 중 한 가지를 선택하여 여러분만의 역사책을 만들어 보세요.

선택1	선택2	선택3	선택4	선택5	선택6
구석기 시대 유물	신석기 시대 유물	청동기 시대 유물	철기 시대 유물	삼국·가야의 문화재	통일 신라·발해의 문화재

○ 선택한 주제의 각 쪽에 어떤 내용을 넣을지 계획해 봅시다.

주제 쪽	(예시) 선택1 구석기 시대 유물	
1	차례	
2	뗀석기	
3	의생활	
4	식생활	
5	주생활	
6	대표적 유적지	

| TIP | 미니북 만드는 방법

① A4 용지를 8등분 한다.

② 다시 반으로 접어 사진처럼 반으로 자른다.

③ 자른 모습

④ 사진처럼 십자로 접는다.

⑤ 책 표지를 만든다.

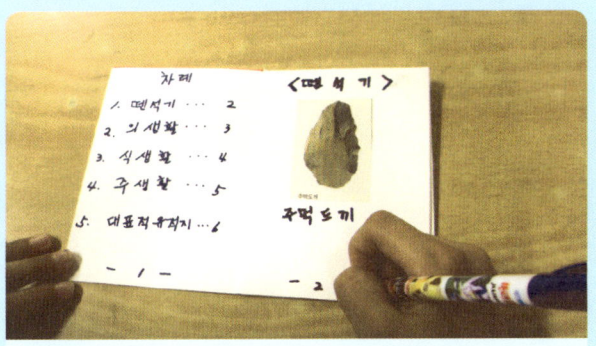

⑥ 차례에 맞게 내용을 쓰고 완성한다.

마음에 꼭꼭! 되돌아보기

역사 탐방 안내 역사 탐방 안내 자료를 참고하여 선사 시대부터 통일 신라·발해의 유적지 및 문화재를 직접 탐방해 보세요.

장소	탐방내용	참고 사이트
국립중앙박물관 탐방	**1층 선사·고대관** 구석기실, 신석기실, 청동기·고조선실, 부여·삼한실, 고구려실, 백제실, 가야실, 신라실, 발해실, 통일신라실.	www.museum.go.kr
서울 암사동 유적 탐방	**상설 체험 프로그램** 수렵 체험, 채집 체험, 발굴 체험, 생활 도구 체험, 어로 체험, 1박 2일 체험, 탁본 뜨기, 전통 농경 문화 체험. **주말 체험 프로그램** 나도 원시 예술가, 외국인과 함께하는 암사 역사 교실.	http://sunsa.gangdong.go.kr
강화도 문화재 탐방	**인천광역시 홈페이지의 교통과 관광 탭에서 인천 문화의 상세 정보 참고** 강화 고인돌, 마니산 참성단, 삼랑성 등 인천의 대표적인 문화재 소개.	www.incheon.go.kr
경주 신라 문화재 탐방	**경주 문화 관광 홈페이지 참고** 경주의 신라 문화재 관련 정보, 다양한 체험 프로그램 소개 – 불국사, 석굴암, 천마총, 안압지, 성덕 대왕 신종, 대왕암 등. **문화재청 문화재 지리 정보 서비스(www.gis-heritage.go.kr) 활용.** 경주의 신라 문화재 위치 정보	http://guide.gyeongju.go.kr
공주·부여 백제 문화재 탐방	**공주시 문화 관광 홈페이지 참고** 공주의 백제 문화재 관련 정보, 다양한 체험 프로그램 소개 – 무령왕릉, 국립공주박물관, 석장리 문화 유적 등. **부여 문화 관광 홈페이지 참고** 부여의 백제 문화재 관련 정보, 다양한 체험 프로그램 소개 – 낙화암, 궁남지, 정림사지 5층 석탑 등.	http://tour.gongju.go.kr www.buyeotour.net

역사 탐방 계획서 〈예시문〉

탐방 장소
서울 암사동 유적

탐방 날짜
○○○○년 ○월 ○일 ○요일 ○○시~○○시

탐방 내용
암사동 선사 주거지 상설 체험 프로그램
(수렵, 채집, 발굴, 생활 도구, 어로 체험)

교통편 및 준비물

- 지하철 – 암사역, 8호선 암사역 4번 출구 암사동 유적 방향 도보 15분
- 버스 – 340, 3411 삼성 광나루 아파트 정류장 하차 암사동 유적 방향 도보 10분
- 마을버스 – 8호선 암사역 1번 출구에서 마을버스 02번 암사동 유적 정문 앞 하차
- 승용차 – 천호동 네거리에서 암사동 유적 방향으로 약 10분 정도 직진

탐방할 때 주의할 점

탐방 내용 미리 알아보기, 사전 예약하기, 운영 기간 및 체험 시간 알아보기, 준비물 알아보기, 탐방 예절 지키기 등

마음에 꼭꼭! 되돌아보기

역사 탐방 보고서 〈예시문〉

탐방한 곳   서울 암사동 유적

새롭게 알게 된 점

- 선사 시대 사람들의 의식주와 일상생활 모습
- 사냥 도구나 간석기 만드는 재료와 방법
- 빗살무늬 토기 만드는 방법
- 움집을 만드는 재료와 움집을 만드는 방법
- 도토리, 밤 등을 채집하는 방법과 물고기 잡는 방법
- 고고학자들의 유물·유적 발굴 방법

더 알고 싶은 점

- 선사 시대 사람들의 요리 방법
- 선사 시대 사람들이 장신구를 만드는 방법
- 선사 시대 사람들이 동굴에 벽화를 그리는 이유와 방법

느낀 점

- 원시 복장을 착용하고 사냥 도구를 직접 만들어 사냥하고, 물고기를 잡고, 채집을 해 보니 선사 시대 사람들이 먹을 것을 구하기 위해 얼마나 힘들었을지 상상이 되었다. 편리한 도구들이 많은 지금 태어난 것이 다행이라는 생각을 해 보았다.
- 다양한 체험을 해 보니 정말 선사 시대 사람이 된 것 같았고, 선사 시대 사람들의 생활 모습을 좀 더 구체적으로 이해할 수 있어 앞으로 역사 시간에 배운 내용을 잊어버리지 않을 것 같다.

역사 탐방 계획서

탐방 장소

탐방 날짜

교통편 및 준비물

탐방 내용

탐방할 때 주의할 점

마음에 꼭꼭! 되돌아보기

역사 탐방 보고서

역사 낱말 풀이!

간석기 돌을 갈고 다듬어 만든 도구.

갈판과 갈돌 곡물이나 열매 따위를 올려놓고 부수어 가는 데 사용하던 돌로 만든 도구(갈판). 곡물이나 열매 따위를 부수거나 가는 데 사용하던 돌로 만든 도구(갈돌).

건국 나라를 세움. (예: 백제의 건국)

격파 쳐서 없애거나 무찌름.

고분 벽화 오래된 무덤 안의 천장이나 벽면에 그려 놓은 그림.

교류 여러 분야의 문화나 생각, 경험 등을 나라, 지역, 개인 간에 서로 주고받음. (예: 문화 교류)

교역 주로 나라와 나라 사이에서, 물건을 사고팔면서 서로 교환함.

국보 나라의 보물로, 법으로 정한 중요 문화재. (예: 대한민국의 국보 1호는 숭례문)

권력 남을 자신의 뜻대로 움직이거나 지배할 수 있는 힘.

그물추 그물이 물속에 쉽게 가라앉도록 그물 끝에 매다는 돌이나 쇠붙이.

기반 기초가 되는 것.

기상 사람의 타고난 마음씨. 또는 씩씩함이 겉으로 드러난 모양.

기원전(B.C.) 기원전은 예수가 태어나기 전을 말한다. 기원전은 숫자가 커질수록 더 과거로 감. 예수가 태어난 이후에는 서기(A.D.) 몇 년이라고 함.

단기(檀紀) = 단군기원(檀君紀元) 단군왕검이 즉위한 해인 기원전 2333년을 원년(元年)으로 하는 기원. 우리나라의 기원이다. 대한민국은 1962년부터 공식적으로 서기(西紀)를 사용하기 시작하였다.

대첩 싸움에서 크게 이김. (예: 살수 대첩)

대항 굽히거나 지지 않으려고 맞서서 버티다. (예: 백제는 대항하지 못했다.)

도읍 한 나라에서 가장 중심이 되는 수도. (예: 고려의 도읍지는 송악 즉 개성이었다.)

뗀석기 돌을 깨뜨리거나 큰 돌에서 떼어 만든 돌연장.

멸망 국가나 민족이 망하여 없어짐.

명복 죽은 뒤에 저승에 가서 받는 복.

목판 인쇄물 나무판에 새긴 글씨를 찍어서 만든 책.

문물 문화 활동을 통해 만들어진 물건.

문화재 문화 활동에 의하여 만들어진 것 중 가치가 높다고 인정되는 것(보이는 것과 보이지 않는 것이 있음).

반란 사회나 국가의 질서를 어지럽히기 위해 많은 사람들이 함께하는 행동. (예: 대조영은 거란의 반란을 틈타 이익을 취했다.)

반발 어떤 행동이나 상태에 대하여 거스르고 반대함.

반포 세상에 널리 알리는 것을 말함.

복속 복종하여 따르게 됨.

본존불 석가모니를 '가장 으뜸가는 부처'라는 뜻으로 부르는 말.

부흥 운동 힘이 약해졌던 것을 다시 활발히 일어나게 함. (예: 고구려의 부흥 운동)

불교 경전 불교에 담긴 뜻을 전하는 글.

역사 낱말 풀이!

석등 돌로 만든 네모난 모양의 등.

세력 힘을 뻗쳐 나아가는 것.

쇠퇴 힘이 약해지는 것.

순교 종교를 가진 사람이 자기의 믿음을 지키기 위해 목숨을 바침.

역사 지도 역사적인 일을 지도에 나타낸 것.

연표 옛날에 있었던 일들을 일어난 순서에 따라 표로 정리한 것.

연합군 같은 목적으로 한 사람의 지휘를 받는 두 나라 이상의 군대. (예: 나당 연합군)

연회 축하나 위로, 환영을 위하여 음식을 차리고 손님을 초대하여 즐기는 일.
(예: 안압지는 나라의 행사가 있을 때 연회를 베풀던 곳이다.)

움집 땅을 파서 짚으로 만든 자리 같은 것을 얹고 흙을 덮어 추위와 비바람을 막게 한 집.

유물 앞선 세대의 사람들이 다음 세대에 남긴 물건.

유민 고향을 떠나 이곳저곳으로 떠도는 사람이나 망하여 없어진 나라의 백성. (예: 백제의 유민)

유적 남아 있는 흔적이나 자취.

율령 나라를 운영하는 제도에 관한 규정을 말한다. 요즘 말로 제도와 법률이라고 할 수 있다.

장신구 몸을 꾸밀 때 쓰는 여러 가지 물건.

저항 굽히거나 따르지 않고 버티다. (예: 신라는 당나라에 거세게 저항하였다.)

적대적인 적으로 생각하는. (예: 발해는 초기에는 당나라와 적대적인 관계였다.)

전성기 힘이 가장 강할 때. (예: 고구려의 전성기)

전파 널리 전하여 퍼뜨림. (예: 원효 대사는 백성들에게 불교를 전파했다.)

점령 무력이나 힘으로 차지함.

점말 동굴 충청북도 제천에 있는 구석기 시대 인들이 10만 년 전에 모여 살던 동굴.

정복 무력으로 전쟁을 일으켜 복종하게 함.

지배자 다른 사람을 자기의 뜻에 따르도록 하는 힘이 있는 사람.

채집 동식물이나 곤충을 찾아서 모으거나 캐서 모음.

철기 쇠로 만든 그릇이나 도구.

철제 투구 군인이 전쟁 때 갑옷과 함께 갖추어 쓰던, 쇠로 만든 모자.

청동 방울 청동으로 만든 두 갈래의 가지 끝에 방울이 달린 아령 모양의 방울.

청동기 구리를 불에 녹여 주석이나 아연을 섞어 만든 도구.

토기 진흙을 빚은 후 불에 구워 만든 그릇.

토대 밑바탕이 되는 기초. (예: 문화 발전의 토대를 마련하였다.)

특권 어떤 신분이나 지위, 자격이 있는 사람만이 누리는 특별한 권리.

함락 적의 성, 요새, 진지 따위를 공격하여 무너뜨림.

향로 향을 피우는 데 쓰는 작은 화로.

학부모와 선생님을 위한 역사논술

모범답안 + 길라잡이

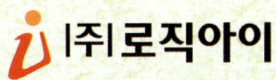

역사 논술 모범답안 + 길라잡이의 기술 방법과 용어 설명

기술 방법

① 각 단원의 길라잡이 맨 앞에는 각 단원 첫 쪽에 있는 그림에 대한 설명을 해 놓았다. 그런데 교재 안에는 각 단원의 첫 쪽에 있는 그림에 대한 문제가 없다. 따라서 교사나 학부모는 아이들과 함께 그 그림을 보면서 그림의 의미에 대해 이야기하고 다음 차시로 넘어가는 것도 좋다.

② 그림에 대한 설명에 이어서 각 단원 전체의 핵심 내용을 이야기 식으로 풀어 놓았다. 교사나 학부모는 이 이야기를 읽으면서 지도 과정 전체를 계획하거나 구상할 때 도움을 받을 수 있다.

용어 설명

정답
답이 하나라는 뜻. 다른 답은 오답임을 의미함.

예시답
여러 개의 답들 가운데 하나를 의미함. 따라서 이 경우에는 다른 답도 맞을 수 있기 때문에 교사나 학부모는 학생들의 답을 꼼꼼히 살필 필요가 있음.

길라잡이
정답이나 예시답이 나오는 과정에 대한 설명이나 보충 설명 또는 그 문제를 배우고 가르칠 때 필요한 내용 등을 담고 있음.

도움 글
해당 문제를 배우고 가르칠 때 좀 더 심화할 수 있는 내용들. 또는 부가적인 설명이나 문제에 딸린 이야기들을 의미함.

1_나라를 세우고 하나 된 우리 겨레

9쪽

[길라잡이]
* 사진 설명
명칭 : 울주 대곡리 반구대 암각화(국보 제285호)
소재 : 울산 울주군 언양읍 반구대 안길 285 (대곡리)
내용 : 높이 3M, 너비 10M의 'ㄱ'자 모양으로 꺾인 절벽 암반에 여러 가지 모양을 새긴 바위그림이다. 바위그림을 암각화라고도 하는데, 암각화란 선사인들이 자신의 바람을 기원하는 마음으로 커다란 바위 등에 새긴 그림을 말한다. 전세계적으로 암각화는 북방 문화권과 관련된 유적으로 우리 민족의 기원과 이동을 알려 주는 자료이다.

1965년 완공된 사연댐으로 인해 현재 물 속에 잠겨 있는 상태로 바위에는 육지 동물과 바다 고기, 사냥하는 장면 등 총 75종 200여 점의 그림이 새겨져 있다. 육지동물은 호랑이, 멧돼지, 사슴 45점 등이 묘사되어 있는데, 호랑이는 함정에 빠진 모습과 새끼를 밴 호랑이의 모습 등으로 표현되어 있다. 멧돼지는 교미하는 모습을 묘사하였고, 사슴은 새끼를 거느리거나 새끼를 밴 모습 등으로 표현하였다. 바다 고기는 작살 맞은 고래, 새끼를 배거나 데리고 다니는 고래의 모습 등으로 표현하였다. 사냥하는 장면은 탈을 쓴 무당, 짐승을 사냥하는 사냥꾼, 배를 타고 고래를 잡는 어부 등의 모습을 묘사하였으며, 그물이나 배의 모습도 표현하였다.

이러한 모습은 선사 시대 사람들의 사냥 활동이 원활하게 이루어지길 기원하며, 사냥감이 풍성해지길 바라는 마음으로 바위에 새긴 것이다.
- WWW.CHA.GO.KR문화재청, 문화재정보 참고 -

[길라잡이]
* 1단원 전체 설명
아주 먼 옛날 구석기 시대 사람들은 돌멩이를 깨뜨려 만든 뗀석기를 사용하여 사냥하고 열매를 채집하며 동굴에서 생활하였다. 신석기 시대 사람들은 돌멩이를 갈아서 쓰임새에 맞는 간석기를 만들었다. 이들은 농사를 짓고 움막을 지어 생활하였으며 빗살무늬 토기도 만들어 사용하였다. 한 곳에 머물며 농사짓고 생활하던 우리 조상들은 청동으로 만든 도구를 사용하였으며 한반도에 고조선이라는 나라를 처음으로 세웠다. 고조선은 청동기 시대부터 철기 시대까지 영토를 늘려가며 부강한 나라로 발전하였지만 중국의 한나

라와 맞서 싸우다가 멸망하였다. 고조선의 뒤를 이어 세워진 부여, 옥저, 동예, 삼한은 나라의 기틀을 세우지 못하고 멸망하였지만 고구려, 백제, 신라 삼국은 나라의 기틀을 세우고 왕권을 강화하며 전성기를 누렸다. 삼국 가운데 가장 늦게 발전한 신라는 태종 무열왕과 김유신의 활약으로 문무왕 때 삼국을 통일하여 찬란한 불교문화를 꽃피웠으며, 고구려의 옛 땅에는 대조영이 발해를 세워 고구려의 기상을 이어갔다.

10~11쪽

그림 설명
〈왼쪽 위〉 뗀석기를 들고 동물을 사냥하는 구석기 시대 사람들의 모습. 간석기(돌괭이, 돌보습 등)를 들고 농사를 짓는 신석기 시대 사람들의 모습.
〈오른쪽 위〉 고인돌을 만든 청동기 시대 사람들의 모습. 청동 거울, 청동 방울, 청동 검을 들고 있는 모습. 단군신화의 한 장면.(환웅이 비, 바람, 구름 신을 거느리고 태백산에 내려오는 장면, 환웅이 땅에 내려와 사람들을 다스리는 장면, 웅녀가 탄생하는 장면)
〈가운데 오른쪽〉 고조선 건국 장면. 철기 문화를 기반으로 한 부여, 고구려, 옥저, 동예, 삼한의 등장.
〈가운데 왼쪽〉 삼국과 금관가야의 건국 장면. 백제의 영토를 확장하고 전성기를 이룬 근초고왕.
〈왼쪽 아래〉 고구려의 영토를 확장하고 전성기를 이룬 광개토 대왕. 신라의 영토를 확장하고 전성기를 이룬 진흥왕.
〈오른쪽 아래〉 신라가 당나라와 연합하여 백제와 고구려를 무너뜨린 후 당나라를 몰아내고 삼국을 통일하는 장면. 고구려의 문화를 계승한 발해 건국 장면. 대조영이 고구려 유민과 말갈족을 거느리고 동모산 근처에서 발해를 건국하는 모습.

12~13쪽

[연표정답]

구석기 – 빗살무늬 – 고조선 – 청동기 – 민무늬 – 철제 – 박혁거세 – 주몽 – 온조 – 근초고왕 – 광개토 대왕과 장수왕 – 진흥왕 – 백제 – 고구려 – 문무 대왕(문무왕) – 대조영

14~15쪽

[길라잡이]

* 빙고 게임 시 유의할 점
· Tip의 설명을 참고하여 빙고 게임을 실시한다.
· 선사 시대와 관련된 핵심 키워드를 빙고판에 기록하며 복습하는 게임이다. 게임 자체보다 각 시대의 빙고판에 핵심 키워드를 기록하는 활동이 중요하므로 기록하는 시간을 충분히 주고 게임은 간단하게 실시한다.
* 점말 동굴과 두루봉 동굴은 구석기 시대 유물이 발견된 동굴이며 흥수 아이는 두루봉 동굴에서 발굴된 구석기 시대의 인류 화석이다. 흥수 아이라는 이름은 소년의 화석을 발견한 사람(김흥수)의 이름을 따서 붙인 이름이다.

16쪽

[길라잡이]

* 지도 시 유의점
· 고조선의 '8조법'은 초등학생에게는 어려운 주제이다. 이 활동의 목적은 남아 있는 세 개의 법을 통해 고조선 건국 당시의 생활 모습을 학습하는 것이다. 따라서 남아 있는 세 개의 법을 통해 알 수 있는 고조선의 생활 모습(Tip 참고)을 충분히 지도하도록 한다.
· 고조선의 건국 신화, 청동기·철기 시대의 생활 모습, 고조선의 성장과 발전, 고조선의 역사 지도 등에 대하여 충분히 설명하고 학생들이 사라진 5개의 법을 상상할 수 있는 배경지식이 풍부해질 수 있도록 질문과 발표로 상상력을 자극해 준다.
· 5개의 법을 한 명의 학생이 모두 쓰는 것은 어려우므로 한 학생이 1~2개 정도 법을 만든 후 다른 학생이 만든 법을 돌려 읽거나 돌아가면서 말하게 하여 자신이 쓴 내용과 다른 것을 선택하여 기록하도록 한다.
· 완성된 '8조법'을 단군왕검이 되었다고 상상하고 낭독해 보도록 한다.

[도움 글]
단군신화

　아주 오래 전 하늘나라를 다스리는 하느님(환인)에게 환웅이라는 아들이 있었다. 환웅은 '널리 인간을 이롭게 한다.'는 홍익인간의 뜻을 품고 땅으로 내려가고 싶어 했다.
　하느님의 허락을 받은 환웅은 비, 바람, 구름을 다스리는 신하와 자신을 따르는 무리 3,000명을 이끌고 하늘 아래 가장 아름다운 곳인 태백산에 내려왔다. 환웅은 태백산 꼭대기에 있는 신단수 아래로 내려와 그곳을 신시라 부르고 사람들을 다스리기 시작했다. 그러던 어느 날 곰과 호랑이가 환웅을 찾아와 사람이 되게 해 달라고 빌었다. 환웅은 쑥과 마늘을 주며 이렇게 말했다. "이 쑥과 마늘을 먹고 백 일 동안 햇빛을 보지 않도록 하여라. 그러면 사람이 될 것이다." 곰과 호랑이는 기뻐하며 쑥과 마늘을 가지고 어두운 동굴로 들어갔다. 동굴에서 쑥과 마늘만 먹으면서 견디는 것은 쉽지 않은 일이었다. 결국 호랑이는 참지 못하고 뛰쳐나가고 말았다. 하지만 곰은 잘 참아내어 여인이 되었다. 환웅은 그 여인을 아내로 맞이하여 아들을 낳았는데, 이분이 단군왕검이다. 단군왕검은 아사달을 도읍으로 하여 나라를 세우고(기원전 2,333년) 나라 이름을 고조선이라 하였다.
　개천절은 단군왕검의 고조선 개국을 기념하기 위해 만든 국경일입니다. 다시 말해 개천절은 단군왕검을 기념하는 날이라고 할 수 있습니다. 이때 달력의 기준은 A.D.라고 불리는 서기(西紀)가 아니라 '단기(檀紀)'입니다. '단기'는 단군왕검이 개국한 해를 시작으로 하는 달력을 뜻합니다. 참고로 2018년 10월 3일은 단기 4351년을 기념하는 날이고, 2030년은 단기로 4363년이 되는 해입니다.

[예시답]
· 농사지어 거둬들인 곡식의 1/10은 나라에 바치도록 하라!
· 하늘에 제사를 올릴 때는 모든 백성이 제물을 바치도록 하라!
· 노비는 주인의 명령을 따라야 하며 주인의 명령을 어기면 사형에 처하노라!
· 나라에 전쟁이 일어나면 전쟁터에 나가 싸워야 하며 공을 세운 자는 청동 검을 상으로 주노라!
· 마을 우두머리의 무덤은 마을 사람들이 힘을 모아 고인돌로 만들고 유물을 함께 묻도록 하라!

17쪽

[정답]

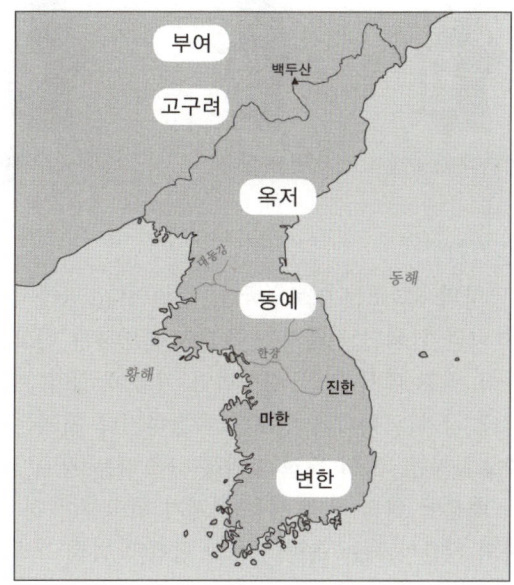

18쪽

[정답]

고구려 건국 이야기 : 고구려, 주몽, 주몽(朱蒙), 주몽, 고구려
백제의 건국 이야기 : 주몽, 온조, 온조, 온조, 백제
신라의 건국 이야기 : 혁거세, 신라
가야의 건국 이야기 : 김수로, 금관가야

[길라잡이]
주몽과 박혁거세 그리고 김수로는 알에서 태어났다. 이것은 지도자는 신비롭고 특별한 존재임을 의미한다. 왜냐하면 알은 태양을 상징하기 때문이다. 알에서 태어난 왕은 하늘이 보낸 인물로서 백성들은 그를 존경하고 따라야 한다는 의미이다.

19쪽

[정답]

삼국의 율령 반포

고구려(373년) - 소수림왕　　백제(260년) - 고이왕　　신라(520년) - 법흥왕

삼국의 불교 승인

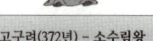
고구려(372년) - 소수림왕

백제(384년) - 침류왕

신라(527년) - 법흥왕

[길라잡이]

나라의 3요소는 영토, 국민, 주권이다. 따라서 강력한 나라가 되기 위해서는 주권이 분명해야 하고 백성들이 믿고 따를 만한 정신적인 이념이 있어야 한다. 고대 국가는 나라의 영토를 확장하거나 지키는 일도 중요하지만, 왕이 직접 나라를 다스리는 왕권 국가이기 때문에 왕의 부자 세습 문제가 확고해야 하고, 정치의 기본이 되는 율령(현재의 헌법과 법률 그리고 제도)이 있어야 한다. 삼국 가운데 가장 먼저 율령을 반포한 나라는 백제이고 그다음이 고구려이다. 신라가 마지막이다. 율령을 반포하고 백관(신하)의 공복(옷)을 제정함으로써 나라를 다스리는 기틀을 마련했다고 할 수 있다. 신라는 백제와 260년 차이가 나기 때문에 그때까지는 신라의 국력은 미미했다고 할 수 있다.

고대 국가의 정신적인 이념에 해당하는 것은 불교라고 할 수 있는데, 시기는 다소 차이가 있지만 고구려 백제 신라 모두 불교를 국교로 인정했다. 불교는 백성들의 민심을 모으는 데 큰 역할을 했다. 불교를 국교로 인정한 데에는 왕을 부처님처럼 받들라는 의미도 있고 백성들에게 살아 생전에 좋은 일을 많이 하면 죽어서도 극락에 갈 수 있다고 가르침으로써 선행을 유도한 측면이 있다고 하겠다. 이런 면에서 불교가 왕권을 강화 시켜 주는 역할을 했다고 말하는 것이다. 불교는 고구려가 먼저 받아들였고 신라는 155년 뒤에 받아들였다. 신라의 불교 수용은 뒤에 한 번 더 나오니 그때 확인할 수 있다.

20쪽

[정답]
철과 선진 문물

[정답]

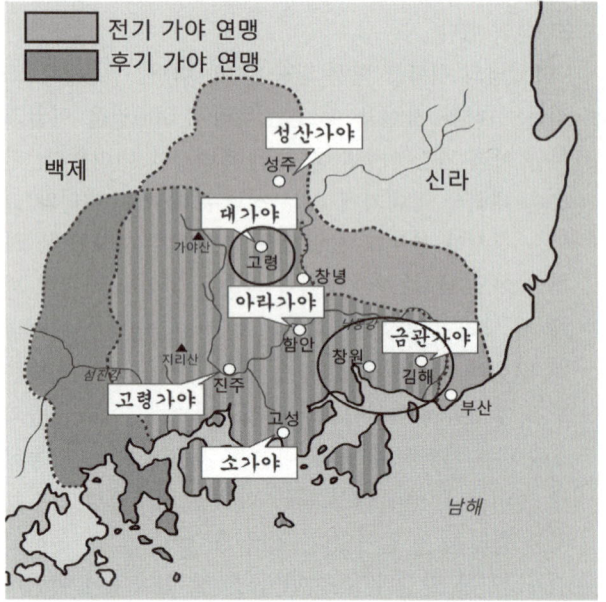

[정답]
금관(가야), 대(가야), 김유신

[길라잡이]

가야는 일찍이 낙랑과 왜 등과 교류가 많았다. 가야는 자신들이 생산한 철도 수출했지만 주로 중계 무역을 하였다. 다시 말해 낙랑의 물품을 왜에 전하고 왜의 노동력과 군사력을 지원받았다. 낙랑이 망한 후에는 백제와 왜 사이에서 중계 무역을 하였다. 그 과정에서 가야는 철과 선진 문물을 수출하면서 이익을 얻었다.

금관가야를 비롯한 여섯 가야의 가야 연맹은 4세기 말에서 5세기 초에 왜의 군사를 동원하여 신라를 공격했다. 그러나 고구려와 신라의 연합군의 반격으로 금관가야의 힘이 크게 약해졌다. 이렇게 해서 전기 가야 연맹은 없어지고 후기 가야 연맹이 탄생한다. 이때 부상한 가야가 대가야였다. 대가야는 철광 산업도 활발했지만 농사도 많이 지어 비교적 탄탄한 국력을 가지고 있었다. 신라를 공격한 고구려 군대를 백제와 함께 물리치기도 하였다. 신라와 결혼 동맹(522년)을 맺기도 했지만 금관가야가 신라에 투항하고 가야 연맹이 분열되었고 다시 힘을 합친 가야 연맹이 백제에 의지했지만 신라의 공격으로 멸망하면서 가야 연맹은 완전히 해체되었다. 이때가 562년이었다.

상당수의 가야 사람들은 신라에 융합되었는데, 그 중에는 김유신의 아버지도 포함되었고 후일 김유신은 신라의 삼국 통일에 크게 기여했다. 그리고 가야의 문화는 일본 아스카 문화에 전해져 일본의 갑옷 제작이나 마구 제작뿐만 아니라 토기 문화에도 많은 영향을 주었다. 현재의 스에키라는 일본의 토기는 가야 문화의 영향이다. 이 시대의 가야 문화가 고구려, 백제, 신라의 문화와 더불어 일본 고대 문화 형성에 물질적으로나 정신적으로 많은 영향을 끼쳤다고 할 수 있다.

21쪽

[정답]
근초고왕, 광개토 대왕 – 장수왕, 진흥왕

[길라잡이]
근초고왕 : 북쪽으로 고구려를 공격하여 황해도 지역을 차지하였으며, 남쪽으로 마한 세력을 정복하여 영토를 남해안까지 넓힘. 바다 건너 중국, 왜와 활발하게 교류함.
광개토 대왕 : 백제를 공격하여 백제의 여러 성과 마을을 차지하고 한강 이북을 점령하여 백제의 항복을 받아냄. 신라를 도와 왜구를 물리치고 요동과 만주 지역까지 진출하여 영토를 확장함.
장수왕 : 수도를 평양성으로 옮기고 한강 남쪽을 차지하여 신라와 백제를 위협함.
진흥왕 : 화랑도를 만들어 인재를 기르고 백제와 힘을 합쳐 고구려를 공격하여 한강 상류 지역을 차지하고 이후 백제가 되찾은 한강 하류 지역까지 정복함. 대가야를 정복하여 신라의 영토를 넓혀 중국과 직접 교류함으로써 삼국 통일의 기반을 마련함.

[예시답]
· 가야는 연맹 왕국 단계에서 멸망했기 때문이다.
· 가야는 6개의 조그마한 나라들이 연합한 연맹 국가였고 한 국가로 통합되어 있지 않았기 때문이다.
· 가야는 중앙 집권 국가로서의 모습을 보여 주지 못했고, 신라의 진흥왕 때 신라에 병합되었기 때문이다.

[길라잡이]
이 문제는 국가의 성립 조건을 알아보는 문제이기도 하다. 한 국가로서 발흥하고 유지하려면 확실한 통치 체제가 마련되어야 한다는 사실을 보여 준다.

22~23쪽

[정답]
첫째 줄 – 3, 5, 2
둘째 줄 – 7, 1, 6
셋째 줄 – 4, 9, 8

24쪽

[정답]

우리들은 농사를 지어 나라에 세금을 바친답니다. 궁궐도 짓고 전쟁이 나면 나가서 싸우는 일도 한답니다. 잡곡밥을 먹고 초가집에서 생활한답니다.

우리들은 토지와 노비를 가지고 국가의 중요한 일을 결정한답니다. 비단으로 만든 옷을 입고 쌀밥을 먹었답니다. 그리고 화려하게 장식된 넓은 기와집에서 살았답니다.

우리들은 가장 낮은 신분으로 귀족들의 농사를 지어주거나 주인어른의 시중을 들기도 합니다. 주인은 우리들을 사거나 팔기도 한답니다.

25쪽

[정답]

26쪽

[정답] | 대조영, 원효, 최치원, 장보고

[길라잡이]
· 역사적 인물을 보기에서 골라 채워 넣는다.
· 정답을 확인하고 연결되어 있는 낱말을 활용하여 인물의 업적을 자연스럽게 연결하여 발표해 보도록 한다.

[예시]
대조영 : 고구려가 멸망하자 당나라로 끌려간 대조영은 고구려 유민과 말갈족을 거느리고 동모산 근처에서 발해를 건국하였다.
원효 : 원효는 통일 신라 시대의 스님으로 해골에 담긴 썩은 물을 마시고 깨달음을 얻었으며 백성에게 불교를 전파하여 통일 신라의 불교문화를 발전시켰다.
최치원 : 통일 신라의 최치원은 당나라로 유학을 떠나 과거에 합격하여 당나라 관리가 되어 신라로 돌아왔다. 6두품이었던 그는 골품 제도로 높은 관직에 오르지 못하는 차별을 받고 신분의 한계를 느꼈다.
장보고 : 통일 신라의 장보고는 어려서부터 활을 잘 쏘아 궁복, 활보라 불렸다. 뛰어난 무술 실력으로 당나라의 관리(무관)가 되었으며 당나라에 노예로 끌려와 고생하는 신라 사람들을 위해 청해진을 세우고 당·일본과의 무역을 주도하여 해상왕이 되었다.

27쪽

[정답]
석굴암 – 불국사 – 성덕 대왕 신종 – 무주 정광 대다라니경 – 발해 석등

28쪽

[예시답]
기자 : 허리에 두른 허리띠가 매우 멋지군요. 어떤 재료로 어떻게 만들었나요?
해밀이 : 아버지와 사냥을 나가서 잡은 멧돼지의 가죽을 말려서 띠를 만들고, 고기를 먹고 남은 뼈를 적당한 크기로 쪼개고 돌에 갈아서 장식을 만들었어요.
기자 : 멧돼지를 사냥하는 것은 매우 위험한 일인데 어떻게 멧돼지를 잡으셨나요?
해밀이 : 마을 사람들과 힘을 합쳐 멧돼지를 본 다음 돌도끼와 돌화살을 이용해서 사냥을 했습니다.
기자 : 조개 팔찌와 목걸이, 귀걸이가 매우 멋집니다. 만들 때 어려운 점은 없었나요?
해랑이 : 조개에 구멍을 뚫는 일이 많이 힘들었어요. 그리고 원하는 모양으로 돌에 갈아야 하기 때문에 힘이 많이 들고 잘못해서 깨지면 다치거나 짜증이 나기도 했어요.
[길라잡이]
· 전 차시에 배운 선사 시대 관련 배경지식을 상기시킨다.
· 선사 시대 상황에 맞는 타당한 내용으로 기사문을 작성하도록 한다.
· 기사문이 완성되면 역할을 나누어 실제 기자와 선사 시대 인이 되었다고 상상하고 역할극을 해 본다.

29쪽

[길라잡이]
· 보기에 제시된 무늬 속에 담긴 뜻을 상상하여 발표해 보고 부모님이나 선생님과 정리해 본다.
· 보기의 무늬 중 마음에 드는 것을 선택하여 청동 방울을 꾸민다.
· 색연필이나 크레용을 이용하여 색을 칠해도 좋다.
· 자신이 만든 청동 방울이 완성되면 청동 방울에 담긴 뜻을 이야기해 보고 청동기 시대의 제사장이 되었다고 상상하고 하늘에 무엇을 빌고 싶은지 발표해 본다.
* 발표의 예
  저는 하늘의 별과 태양 그리고 번개를 골고루 넣어 청동 방울을 만들었어요.
  태양과 별처럼 낮과 밤에 상관없이 백성들을 두루 살피고 착한 백성들에게는 햇볕처럼 따뜻한 온정을 베풀 것입니다. 그러나 잘못한 사람에게는 번개를 내리치듯이 호된 벌을 줄 겁니다.

30쪽

[예시답]
너무 힘이 들면 다른 하인이 일산을 대신 들어 주기도 하지만 행차할 때는 우리 하인들도 힘이 듭니다. 하지만 서커스 구경을 하면 정말 신기해서 몸과 마음이 아픈 것도 다 잊어버립니다. 그래서 멀리 행차한다고 하면 몸은 힘들어도 신나게 준비하고 즐겁게 간답니다.
[길라잡이]
남포시 수산리 고분 벽화이다. 본문에 있는 그림은 그 벽화를 보고 그린 그림이다.

31쪽

[정답]
신라와 손잡은 당나라가 백제와 고구려를 멸망시킨 후 약속을 어기고 한반도 전부를 차지하려고 하자 이에 반발한 신라가 당을 몰아내기 위해 공격하면서 나당 전쟁이 일어났다.
[정답]
고구려 부흥 운동 세력과 백제의 유민들은 신라의 군대와 힘을 합쳐 당나라와 싸웠다.
[정답]
기벌포 해전이다. 육지의 매소성에서 신라군이 대승을

거두었고 이어서 기벌포에서 신라가 승리함으로써 당나라를 완전히 몰아내었다.

[정답]
신라의 삼국 통일은 고구려, 백제, 신라의 사람들을 하나로 모아 새로운 민족 문화가 발전하는 기반이 되었다는 좋은 점과 다른 민족을 불러들여 같은 민족을 상대로 싸웠다는 점이 나쁘고 고구려 영토를 많이 잃어 반쪽짜리 통일이라고 할 수 있다.

[길라잡이]
나당 전쟁은 백제와 고구려가 망하자 한반도 전부를 차지하려는 당나라의 욕심 때문에 벌어졌다. 신라가 당을 공격하자 고구려를 부흥시키려는 세력과 백제의 유민들도 신라의 군대와 힘을 합칠 수밖에 없었다. 그렇지 않으면 당나라가 백제 땅에 웅진도독부를 세우고 고구려 땅이었던 평양에 안동도호부를 세우고 신라 땅에는 계림도독부를 세우고 한반도 전체를 다스리려고 했던 것으로 보아, 가만히 두면 당나라는 한반도 전체를 식민지화했을 것이다. 그래서 한민족은 필사적으로 싸웠던 것이다.

웅진도독부(공주)는 660년 당나라가 충청남도 공주 지역에 설치한 통치 기구이고, 안동도호부(평양)는 668년 고구려가 멸망된 직후, 당나라가 평양에 세운 통치 기구이며, 계림도독부(또는 계림대도독부)는 나당 연합군이 백제를 멸망시킨 뒤, 당나라가 663년에 신라에 설치한 통치 기구이다. 당나라가 문무왕을 계림주 대도독(鷄林州大都督)으로 임명했으니 이런 행위는 노골적으로 신라를 그들의 밑에 두려고 한 행위였다고 할 수 있다. 아래 지역은 그곳을 가리킨다.

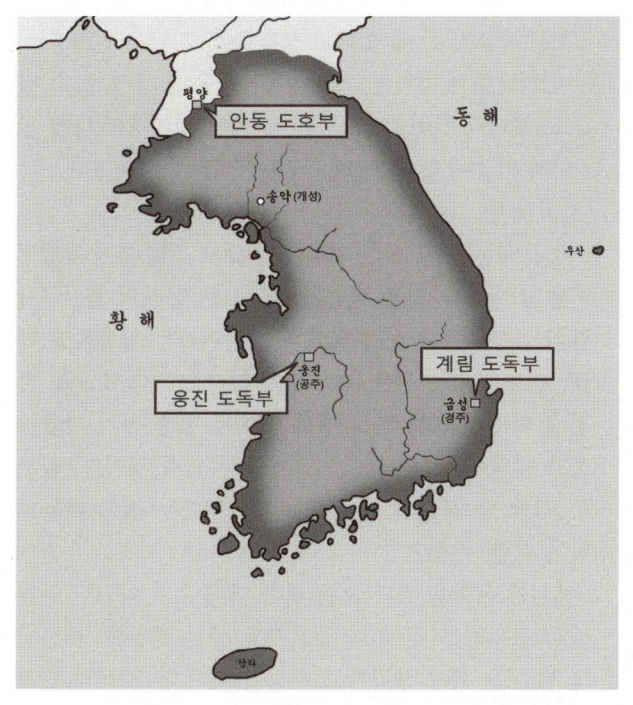

나당 전쟁 가운데 극심한 전투는 당나라 20만 명과 싸워 승리한 매소성(지금은 경기도 연천) 전투(675년)와 기벌포(충남 서천 장항) 해전(676년)이었다. 매소성 전투에서는 군마 3만여 필을 획득했고 해전에서는 싸움마다 이겼다. 그리하여 당나라도 완전히 물러 갔고 처음으로 삼국이 통일되었다.

그러나 신라의 삼국 통일에는 의의도 있지만 한계도 있었다. 신라의 삼국 통일은 한반도 전체가 하나가 되어 새로운 민족 문화 발전의 기반이 되었다는 점도 있지만, 반면에 다른 민족을 불러들여 같은 민족을 상대로 싸웠다는 점이 나쁘고 나중에 고구려 영토에 발해가 들어서기는 했지만 영토도 많이 줄어 반쪽짜리 통일이라고 할 수 있다. 신채호는 신라의 행위를 다른 민족을 끌어들여 같은 민족을 죽였다는 점에서 도적을 끌어들여 형제를 죽인 것과 다를 바가 없다고 했다.

32쪽

[정답]
장보고는 처음에는 당나라에서 군인으로 활약했고 신라인이 당나라 해적에게 잡혀 노비로 팔리는 것을 보고 신라로 돌아와 지금의 완도에 청해진을 설치하고 무역 활동을 하면서 해적을 무찔러 신라의 해상 무역로를 보호한 사람이다.

[정답]
장보고는 청해진을 근거로 해상 무역을 하면서 해상에서 활약하는 당나라와 왜의 해적들을 소탕하여 신라와 당나라 그리고 왜의 자유로운 교역을 도왔다. 또한 장보고는 당나라에 '신라소'라는 자치 행정 기관과 '법화원'이라는 절을 세워 신라 사람들의 안전을 지켜 주고 편의를 돌보았다.

[길라잡이]
장보고는 당나라 군인이었다가 당나라 해적에게 잡힌 신라인이 노비로 팔리는 것을 보고 신라로 돌아와 청해진을 설치하고 무역 활동을 하면서 해적을 무찔러 신라의 해상왕이었던 사람이다. 장보고는 당나라에 '신라소'라는 자치 행정 기관도 세웠고 '법화원'이라는 절을 세워 신라의 위상을 높였다.

'신라소'는 장보고가 세운 자치 행정 기관이고, '신라관'(新羅館)은 신라 사람들이 묵던 여관 이름이다. 참고로 '발해관'은 중국 당나라에 있던 발해의 사신들이 머물던 여관인데 '신라관'은 그 동편에 있었다. 신라인의 집단거주지를 '신라방'(新羅坊)이라고 하였는데 이 근처에 '법화원'과 '신라소'가 있었다.

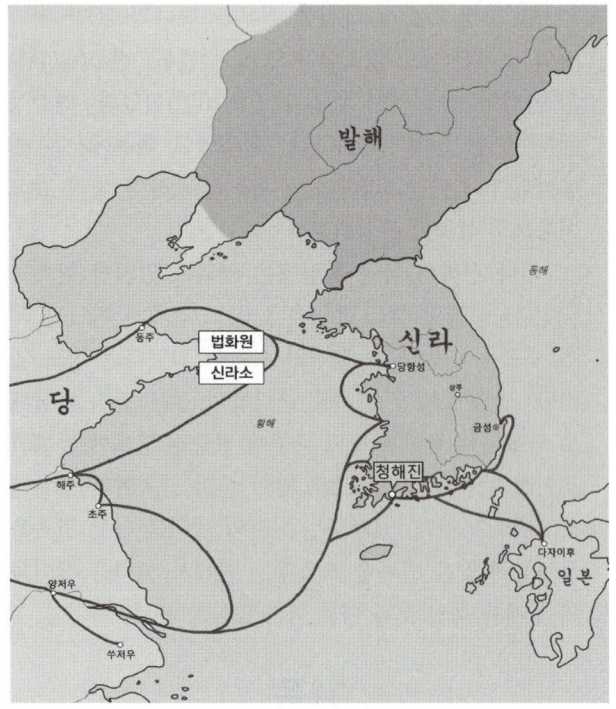

장보고의 배는 바람과 파도에도 끄떡없는 배여서 일본에서는 장보고의 배를 비싼 가격에 사갔다. 그러나 장보고는 신라의 신무왕을 왕으로 만들었지만 자신의 딸과 혼인하기로 한 왕이 배신을 하자 중앙 정치에 반기를 들었고 그 과정에서 자신의 심복이었던 사람에게 피살되었다. 〈리더를 위한 한국사 만화〉① 〈한국 고대사〉에 자세하게 나와 있다.

33쪽

[정답]
신라는 당나라에 인삼과 직물류 그리고 금은 세공품과 불상을 수출했고, 비단과 문구류 그리고 서적과 자기 등을 수입했다.

[예시답]
· 내가 신라 시대에 살았다면 발해와 손을 잡고 당나라를 쳤을 것이다.
· 내가 신라 시대에 살았다면 당나라와 무역을 하여 나라를 더욱 부강하게 만들었을 것이다.
· 나는 튼튼한 배를 만들고 화포를 만들어 당나라와 일본을 꼼짝 못하게 만들었을 것이다.
· 나는 조용히 질 좋은 벼농사를 지어 국민들이 맛있는 밥을 먹게 했을 것이다.

[길라잡이]
다른 나라가 예전에 나쁜 짓을 했다고 해도 영원히 외교를 단절하기는 쉽지 않다. 신라와 발해로서는 당나라가 원수일 것이다. 특히 백제 사람이나 고구려 사람들에게 당나라는 나쁜 나라였을 것이다. 그러나 한 나라는 문을 닫고 살 수가 없다. 활발한 교류를 해야 나라가 강해지기 때문이다. 나라의 문을 닫고 나만 착하게 살면 된다는 생각은 필연적으로 다른 나라의 침략을 불러일으킨다.

신라는 여러 가지 이유로 당나라와 무역을 했고 일본과도 무역을 할 수밖에 없었다. 신라는 당나라에 인삼과 금은 세공품과 불상을 수출했다. 인삼은 지금도 중요한 수출품이다. 그리고 중국에서는 비단과 붓과 종이 등 문구류와 서적 등을 수입했다.

아이들이 그 시대에 살았다면 어떤 일을 했을지를 묻는 질문은 그 시대의 국제 상황을 잘 알도록 하는 문제이므로 세세한 데 신경 쓰기보다는 당나라와 발해 그리고 일본을 어떤 식으로 인식하고 있는지가 중요할 것이다.

34쪽

[예시답]
두 사람 모두 진리를 깨닫고자 했고, 불교 사상을 널리 알리고자 했다는 점에서 공통점이 있다.

[예시답]
· 나는 의상 대사처럼 해외에 유학을 갔다 오는 것이 좋다고 생각한다. 왜냐하면 외국의 문물이 발전되었다면 말할 것도 없고 그들의 문물이 우리보다 못하다고 해도 좋은 아이디어를 생각해서 자신과 나라의 발전에 이바지할 수 있을 것이기 때문이다. 외국의 선진 문물을 배우는 것은 그만큼 자신과 나라의 발전을 앞당기는 일이라고 할 수 있다.
· 나는 원효 대사처럼 유학을 갔다 오지 않아도 된다고 생각한다. 진리를 알고 진리를 전파하는 일은 국내에서도 충분히 할 수 있다고 생각한다. 지금은 인터넷 등이 발달해서 해외의 소식이나 사상을 쉽게 접할 수 있고, 우리나라 안에서 공부하고 익힐 것이 엄청나게 많아서 외국 유학을 무조건 권하기는 더 어려워졌다.

[길라잡이]
이 문제는 통일 신라 시대에 불교가 얼마나 중요했고 어떻게 널리 퍼지게 되었는지를 아는 문제이다. 두 사람의 공통점은 자신과 불교의 발전이라는 공통점일 텐데, 원효 대사는 좋은 책을 많이 썼다는 점에서 불교 발전에 이바지했고, 의상 대사는 좋은 절을 많이 만들어 불교 발전에 이바지했다고 말하면 무난할 것이다. 물론 두 사람 다 불교의 대중화에 기여했다는 점도 빼놓지 말아야 할 것이다.

해외에 유학을 갔다 오는 것이 더 좋은가 아니면 국내에서 공부하는 것이 더 좋은가를 묻는 질문에 '대한민국 발전'은 빼고 생각해도 무방할 것이다. 자신의 발전이 곧 자신이 몸 담은 공동체의 발전이라고 생각할 수 있기 때문이다. 원효 대사의 경우에는 진리는 멀리 있는 것이 아니라 자신의 마음속에 있다고 느꼈다. 이것은 마음과 관련되는 공부는 외국 유학이 반드시 필요한 것이 아님을 의미한다. 해외에 유학을 갔다 오는 것이 좋다고 생각하는 아이들은 서양의 선진 문물을 더 배우고 싶어 하는 아이일 것이고, 유학이 필요 없다고 생각하는 아이들은 폐쇄적이라기보다는 인터넷이나 유튜브 등의 발달로 많은 돈을 쓰지 않고 해외의 사상을 배울 수 있다고 생각할 것이다. 이런 답변 이외에 더 좋은 생각이 있다면 그것을 칭찬하고 공유하면 될 것이다.

35쪽

[길라잡이]
감사패가 감사의 뜻을 나타낸 글을 적은 패라면 공로패는 공로(어떤 목적을 이루는 데에 들인 노력이나 수고)를 기리는 글을 새겨 넣은 상패를 뜻한다. 따라서 여기서는 감사패보다도 공로패가 맞다고 이야기할 수 있으나 학생들의 수준을 고려한다면 발해를 세운 대조영에게 감사한다는 의미를 전하는 것으로 만족할 수 있다. 감사패 속에는 어떤 글을 적어도 좋으나 대조영을 칭송하는 내용이 들어가야 한다. 그것이 감사의 뜻이기도 하다.

[예시답 1]
귀하께서는 나라를 잃고 당나라에서 온갖 고통과 차별을 당하던 고구려 유민들에게 나라를 되찾을 수 있다는 희망과 용기를 주었으며 발해를 건국하여 고구려의 옛 영토를 되찾고 나라를 번영시켜 해동성국의 기반을 닦은 공이 크므로 이에 감사의 뜻을 전합니다.

[예시답 2]
귀하께서는 고구려의 정신을 이어받아 발해를 세웠기에 이에 감사의 뜻을 전합니다.

36쪽

[정답]
발해는 랴오허 강 동쪽 지방인 랴오둥반도부터 현재의 블라디보스톡을 지나 연해주까가 국경이었다. 영토는 통일 신라보다 대략 4~5배, 고구려보다 1.5~2배 정도 컸다.

[예시답]
발해는 당나라와 거란 그리고 신라와 일본 등과 교류했다. 발해와 당나라는 처음에는 싸웠지만, 나중에는 서로 교역을 했다. 당나라는 발해를 '해동성국'이라고 부를 정도로 대우했다.

[예시답]
· 현재 우리의 국토가 한반도에 국한되어 있지만, 예전에는 만주 그 위의 영토도 우리의 국토였음을 기억하고 우리가 더욱 분발하여 나라의 발전을 꾀해야 한다는 의미가 있다.
· 우리의 역사가 단지 통일 신라가 만들어 놓은 국경에 머물지 말고 좀 더 넓은 시야로 보아야 함을 의미한다.

[길라잡이]
발해라는 이름은 당나라가 대조영을 발해군왕으로 봉하면서 국가를 공인한 데서 비롯했다. 건국 초기에는 스스로 진국(振國)이라 칭했으며 일본에는 고구려의 계승을 강조하며 '고려'로 칭하기도 했다. 건국 연도는 698년이다.

고구려 멸망 후 이 지역에 살던 고구려 유민과 말갈족들이 대조영과 걸사비우(乞四比羽)의 지도 아래 영주를 빠져나와 만주 방향으로 이동하기 시작했고, 이를 저지하던 당군과의 전투에서 걸사비우가 죽자, 대조영은 말갈족들을 거느리고 당군의 추격을 물리치면서 동만주 지역으로 들어갔다. 지린 성[吉林省] 둔화 현[敦化縣] 육정산(六頂山) 근처에 성을 쌓고 나라를 세워 진국이라 했다.

또한 발해는 당의 지배력이 약화된 랴오허 강 일대로 진출해 소고구려를 영역에 포함시키면서 대국으로 성장했다.

기존의 3경에 서경과 남경이 추가되어 5경(京) 15부(府) 62주(州)의 지방 제도를 완비한 것도 이때였다. 당은 당시의 발해를 '해동성국'(海東盛國)으로 불렀다. 발해는 거란의 대대적인 공격을 맞아 별다른 저항도 해보지 못하고 멸망했다(926년).

근래에는 유득공이 〈발해고〉(渤海考)에서 제시했던 '남북국 시대론'이 일반화되고 있다. 발해를 북국으로, 통일 신라를 남국으로 설정하는 남북국 시대론은 북한의 역사서에서는 수용되고 있으며, 남한의 주요 역사서에서도 받아들여지고 있다.

현재와 달리 발해 시대만 해도 사람들이 많지 않았기 때문에 국경은 큰 의미가 없었을 것이다. 그러나 발해가 고구려를 계승한 나라이고 우리의 역사가 통일 신라에 머물지 않고 중국의 만주 일대까지 뻗어 있음을 알아야 한다는 점에서 의미가 있다. 그래서 지금은 통일 신라 시대만을 다루지 않고 발해를 포함하여 '남북국 시대'라고 표현하는 경우도 많음을 알아야 한다.

37쪽

[예시답]

고구려의 수막새와 발해의 수막새는 서로 비슷하다. 이것으로 보아 발해는 고구려의 문화를 계승했다고 할 수 있다. 발해의 무덤 구조도 고구려의 무덤 구조와 비슷하다는 점에서 고구려 문화를 계승했다고 할 수 있다. 그러나 무덤의 내부는 당나라식으로 만들었다는 점에서 당나라와의 교류도 활발했다고 할 수 있다. 무덤 위에 탑을 세웠다는 점에서 불교를 받아들였다고 할 수 있다. 이런 점을 종합하면 발해는 고구려와 당나라의 장점을 모두 받아들여 나라를 발전시켰다고 할 수 있다.

[길라잡이]

정효 공주는 아버지 문왕을 '황상'이라고 표현했다. 이것은 발해가 커다란 나라였음을 의미하고 일본은 발해 왕을 '고구려 왕'이라고 기록했는데 이것만으로도 발해가 고구려의 문화를 계승했다고 할 수 있다. 당나라의 산둥 반도에는 발해인의 숙소인 '발해관'이 설치되었는데 이런 사실로 보아 발해는 고구려의 문화 계승과 더불어 당나라의 좋은 점도 받아들였다고 할 수 있다. 수막새와 무덤만이 아니라 건물의 끝을 장식하는 '치미'를 보아도 고구려 문화를 계승했다고 할 수 있다.

발해의 문화가 융성했을 때는 당나라에서 신라와 발해에서 온 유학생들이 서로 경쟁했다고 한다. 이것만으로도 발해가 신라와 대등한 관계였음을 알 수 있다.

모줄임 천장 구조도 고구려의 전통이라고 할 수 있다. 이 구조는 사각의 구조 위에 다시 마름모꼴로 새로운 사각의 구조를 올리는데 위로 올라갈수록 사각의 모가 줄어 들어 천장을 만드는 것이다. 다 만들고 나면 안에서 볼 때는 높은 천장이면서도 동시에 거의 둥근 돔 형태가 됨으로써 더욱 품위가 있어 보인다. 이런 구조는 고구려의 무덤 구조에서도 똑같이 나타난다.

38쪽

[예시답]

당신−은 누구십니까? 나는 근−초고왕 백제 영토를 넓혔답니다.

당신−은 누구십니까? 나는 광개토 대왕 고구려 영토를 넓혔답니다.

당신−은 누구십니까? 나는 진−흥왕 화랑 제도를 만들었어요.

당신−은 누구십니까? 나는 을−지문덕 수나라 군대를 물리쳤어요.

당신−은 누구십니까? 나는 계−백 장군 황산벌에서 싸웠답니다.

당신−은 누구십니까? 나는 김−유−신 삼국 통일의 힘을 키웠죠.

당신−은 누구십니까? 나는 김−춘−추 뛰어−난 외골(외교를) 펼쳤죠.

[길라잡이]

· 보기의 업적을 참고하여 가사를 바꾸어 본다.
· 노래가 완성되면 선생님이 앞 소절(당신−은~)을 부르고 학생이 뒷 소절(나−는~)을 불러 본다.

39쪽

[길라잡이]

* 만화의 내용 풀이

고구려, 신라, 백제에 전래된 불교는 백성들이 왕을 부처처럼 섬기도록 하여 왕권을 강화시켜 주는 역할을 하였습니다. 불교가 고구려와 백제의 백성들에게 쉽게 전파되었지만 신라는 그렇지 못하였습니다. 전통 신앙을 믿으면서 불교를 반대하는 귀족들 때문이었습니다. 신라의 법흥왕은 고민했습니다.

'나라의 영토가 커지고 백성이 늘어나니 왕권을 강화해야 한다! 백성들의 마음을 하나로 모으려면 하루빨리 불교를 받아들여야 할 텐데 귀족들의 반대가 저리도 심하니 어찌한단 말인가!'

그러던 어느 날 이차돈이 법흥왕을 찾아와 말하였습니다.

"폐하, 불교를 전파하여 왕권을 강화하기 위해 제 목숨을 희생하겠사옵니다."

법흥왕은 고개를 저으며 말렸습니다. 그러나 이차돈은 다음날부터 절을 짓기 시작하였습니다.

"폐하께서 절을 지으라고 명하셨으니 산의 나무를 베어다 절을 짓도록 하라!"

그러나 곧 이차돈의 말이 거짓임을 알게 된 신하들은 일제히 법흥왕에게 이차돈을 처형해야 한다고 주장하였습니다. 법흥왕은 신하들의 뜻에 따라 이차돈의 목을 베라고 명령할 수밖에 없었습니다.

이차돈은 처형되기 전 "내가 죽은 뒤 신기한 일이 일어날 것이다!"라고 말하였습니다. 이차돈이 처형되는 순간 목에서 흰 피가 솟아오르고 하늘에서 꽃비가 내렸습니다.

이차돈의 죽음을 슬퍼하던 법흥왕은 하늘을 우러러보며 말하였습니다.

"신하들은 모두 보았는가? 누가 불교를 받아들이는 것을 반대하겠는가?"

놀란 신하들은 불교를 인정할 수밖에 없었습니다. 법흥왕은 528년 드디어 불교를 공식적으로 받아들이고 백성들의 마음을 하나로 모아 왕권을 강화하는 꿈을 이루게 되었습니다.
[예시답]
백성들이 왕을 부처와 같이 섬기도록 하여 왕권을 강화시켜 주는 역할.
[예시답]
백제와 고구려의 왕에게 불교를 쉽게 전파한 비결을 물어보고 훌륭한 승려를 신라로 모셔와 부처님의 말씀을 백성들에게 가르치도록 할 것이다.
[길라잡이]
처음 문제의 답은 지문에 나와 있다. "왕권 강화"가 핵심이다. 그러나 두 번째 문제의 답은 창의적인 생각을 필요로 한다. 학생들이 문제의 답을 이야기할 때 간혹 "불교를 반대하는 귀족을 설득하지 않겠다."와 같이 답하는 경우가 있는데, 이것은 옳은 답이 아니다. 여기서의 문제는 "어떻게 할 것인가"가 아니라 "불교를 반대하는 귀족을 설득할 수 있는 방법"을 쓰는 것이기 때문이다. 예시답 이외에 "불교의 경전을 번역하여 백성들에게 불교의 좋은 내용을 알린다."와 같은 답도 가능할 것이다.
[도움 글]
고구려는 소수림왕 때인 372년에 불교를 받아들였다. 백제는 백제의 전성기였던 침류왕 때인 384년에 불교를 공인했다. 신라는 눌지왕 때 불교가 알려졌지만 전통 신앙을 믿고 있던 귀족들의 반대로 법흥왕 15년, 528년에 비로소 불교를 수용했다. 이차돈의 순교가 큰 힘이 되었다. 삼국 모두 불교 수용과 더불어 왕권이 강화되었다. 불교는 왕권을 강화하는 데 도움이 되었다고 할 수 있다.

40쪽

[예시답]
삼국 시대에 많은 승려, 학자, 기술자들이 일본으로 건너가 문화를 전해 주었기 때문.
[예시답]
고구려 : 승려 담징은 호류사의 금당 벽화를 그렸고 종이와 먹 만드는 법을 전해 줌.
백제 : 불교, 백제의 학자 아직기와 왕인은 유학과 한문을 전해 줌.
신라 : 배 만드는 기술과 저수지 만드는 기술을 전해 줌.
[길라잡이]
교사나 학부모는 지문의 마지막에 나온 문장처럼 학생들에게 "여러분이 삼국 시대 사람이라면 어떤 문화를 일본에 전해 주고 싶나요?" 하고 물어볼 수 있다. 이때 학생들은 다음과 같이 말할 수 있다.
① 나라를 위해 충성을 다하는 신라의 화랑 제도를 전해 주고 싶다.
② 석탑이나 목탑 만드는 방법을 전해 주고 싶다.
③ 종 만드는 방법을 전해 주고 싶다. 무구 정광 대다라니경과 같은 불경을 인쇄할 수 있는 기술을 전해 주고 싶다.
어떤 대답을 하던 맥락이 중요한데, "일본에 아무것도 전해 주고 싶지 않다."와 같은 대답은 지양하는 것이 좋다. 왜냐하면 문제가 "전해 줄 것인가?" 아니면 "전해 주지 않을 것인가?"가 아니기 때문이다. 가능하면 마음을 넓게 쓰는 것이 바람직하다고 하겠다.
[도움글]
금동 미륵보살 반가 사유상 : 구리에 도금해서(금박을 입혀서) 만든 미래의 부처님(미륵보살)이 가부좌(양반다리)를 반만 틀고서 생각하는 모습의 상.

41쪽

[정답] l 골품 제도 때문이다.
[예시답]
· 신라로 돌아가지 않고 당나라에서 높은 관직에 올랐을 것이다.
· 왕에게 골품 제도의 문제점을 해결해 달라고 상소를 올렸을 것이다.
· 6두품이 힘을 합쳐 골품 제도의 문제점을 고치려고 노력했을 것이다… 등.
[길라잡이]
진성 여왕도 골품 제도에 의해 왕이 되었다는 사실을 알면 답하는 데 도움이 될 수 있다.

42쪽

[길라잡이]
이 문제의 출제 의도는 고조선 건국에서 발해 건국까지 존재했던 인물들을 다시 한 번 생각해 보자는 데 있다. 이 문제를 대할 때 가장 닮고 싶거나 자랑하고 싶은 인물로 어떤 인물을 선택하든 전혀 상관이 없지만 그 이유는 적절해야 한다. 이와 같은 문제에서는 적절한 이유가 가장 중요하다. 그래야 자신의 의견이 설득력을 가지기 때문이다.
[예시답 1]
가장 닮고 싶거나 자랑하고 싶은 인물
단군왕검
이유
한반도 최초의 국가를 세웠기 때문이다.

[예시답 2]
가장 인상 깊거나 중요하다고 생각하는 인물
광개토 대왕
이유
우리나라의 역사에서 광개토 대왕 때가 국토가 가장 넓었기 때문이다.
[예시답 3]
가장 인상 깊거나 중요하다고 생각하는 인물
문무왕
이유
삼국을 통일한 왕이기 때문이다.

43쪽

[길라잡이]
이 문제는 고조선 건국에서 발해 건국까지 발생했던 사건들을 다시 한 번 생각해 보자는 출제 의도를 가지고 있다. 여기에 삼국 통일을 넣지 않은 이유는 많은 학생들이 삼국 통일을 선택할 것 같았기 때문이다. 이 문제에서 어떤 사건을 가장 인상적인 사건으로 선택하든 그 이유가 적절하면 전혀 문제가 되지 않는다. 교사나 학부모는 이것을 명심해야 한다. 의견을 표현하는 문제는 적절한 이유만 있다면 어떤 주장을 하건 무방하다.
[예시답 1]
가장 인상적이거나 의미 있는 사건 – 고조선 건국
이유 – 한반도 최초의 국가 건립이기 때문이다.
[예시답 2]
가장 인상적이거나 의미 있는 사건 – 광개토 대왕의 중국 요동 지방과 만주 지역까지의 영토 확장
이유 – 우리나라의 국토가 가장 넓은 시기였기 때문이다.

44쪽

[예시답]
주제 : (예시) 선택1. 구석기 시대 유물
1. 차례 / 2. 뗀석기 / 3. 의생활 / 4. 식생활 / 5. 주생활 / 6. 대표적 유적지

주제 : (예시) 선택2. 신석기 시대 유물
1. 차례 / 2. 간석기 / 3. 빗살무늬 토기 / 4. 돌 그물추 / 5. 움집 / 6. 장신구

주제 : (예시) 선택3. 청동기 시대 유물
1. 차례 / 2. 청동 거울 / 3. 청동 방울 / 4. 민무늬 토기 / 5. 고인돌 / 6. 고조선 건국

주제 : (예시) 선택4. 철기 시대 유물
1. 차례 / 2. 철제 무기 / 3. 철제 농기구 / 4. 고조선의 멸망 / 5. 고대 국가 / 6. 역사 지도

주제 : (예시) 선택5. 삼국·가야의 문화재
1. 차례 / 2. 백제금동대향로 / 3. 무령왕릉 / 4. 장군총 / 5. 천마도 / 6. 수렵도

주제 : (예시) 선택6. 통일 신라·발해의 문화재
1. 차례 / 2. 첨성대 / 3. 불국사 / 4. 석굴암 / 5. 발해 석등 / 6. 통일 신라·발해의 문화재 비교

리더를 위한
역사 논술

1